RUHESTAND

Fünf Tage längere Wochenenden

10 heitere Geschichten & ein Gute-Laune-Plan für den gelungenen Renteneintritt

Rainer Stuck

ISBN: 978-3-9825108-5-9 (amazon.de)
ISBN: 978-9-4036115-5-6 (bookmundo)

INHALT

SEID IHR KRANK ODER IM URLAUB?

Petra Schirmer

Irgendetwas stimmte nicht. Seit einer halben Stunde lag er hier im Flur, starrte auf die Schlafzimmertür und wartete, dass sich da drinnen etwas rührte. Tat es aber nicht. Laut seiner Bio-Uhr hätte Frauchen längst aufgestanden sein müssen. Auf seine Bio-Uhr war Verlass, viel mehr als auf ihren Wecker, der heute Morgen ja offensichtlich versagte.

Er schnaufte frustriert, weil er vor seinem geistigen Auge sah, wie sie in der nächsten Minute mit dem hysterischen Aufschrei „Um Gottes willen, Henry, wir haben verschlafen!" aus dem Bett springen, ins Bad rennen und in diese Kabine mit dem künstlichen Regen hüpfen würde. Für Menschen war es wichtig, sich jeden Morgen unter den künstlichen Regen zu stellen, eine Marotte, die er noch nie verstanden hatte. Was sprach denn gegen natürlichen Körpergeruch? Nein, sie mussten sich von Kopf bis Fuß mit diesem seltsam müffelnden Schaumzeug einreiben. Manche taten das sogar mit ihren Hunden, und zwar regelmäßig. Das hatte er von seinen Kumpanen in Frauchens Büro gehört. Smilla zum Beispiel, die süße Pudeldame aus der Buchhaltung wurde jede Woche gebadet. Bei ihm hatte Frauchen diesen Unsinn einmal versucht, aber weil sie ein eher zierliches Persönchen und er ein gestandener Irish Setter in den besten Jahren war, hatte er sich durchgesetzt. Seitdem war das Thema vom Tisch.

Es tat sich immer noch nichts hinter der Schlafzimmertür. Verdammt! Er wusste, wie das enden würde. Wenn sie aus der Regenkabine herauskam, würde sie hektisch ihre Zähne mit diesem summenden Elektrowerkzeug bearbeiten. Dann kam die grässlich röhrende Windmaschine zum Einsatz, mit der sie ihre Haare trocknete. Danach musste sie ihr Gesicht noch mit bunten Farben bemalen und schließlich würde sie ratlos vor dem Schrank stehen, weil sie sich nicht entscheiden konnte, welches Fell sie heute anlegen sollte. Menschen zogen niemals dasselbe Fell zweimal an. Das hatte irgendetwas mit dem Status zu tun.

Wenn sie sich dann endlich in einem ausgehfähigen Zustand befand, würde sie hektisch mit seinem Geschirr wedeln und rufen: „Nun los, Henry! Trödel nicht rum! Wir sind spät dran." Phh, wir? Er war jederzeit zu allem bereit.

Okay, es reichte. Sein Magen verlangte nach Input und er musste dringend seinen Stammbaum im Vorgarten aufsuchen. Mit einem kräftigen Knuff stieß er die Schlafzimmertür auf. Da lag sie in ihrer Koje, die Bettdecke über die Schultern gezogen, die Augen fest geschlossen. Vorsichtig drückte er seine kalte, feuchte Nase in ihr Gesicht. Keine Reaktion. Folglich musste er wohl nachlegen. Er fuhr seine lange Zunge aus und schleckte damit ausgiebig über ihre Wange.

„Lass mich in Ruhe, Henry", maulte sie und drehte sich auf die andere Seite. Na schön, er konnte auch die harten Geschütze auffahren. Er legte seine Pfote kraftvoll und fordernd auf ihre Schulter. Seufzend drehte sie sich wieder zurück und öffnete endlich die Augen.
„Was willst du?" Was für eine dumme Frage! Es war nach acht und sie lag immer noch im Bett. Diese Tatsache schrie nach einer Erklärung, oder nicht?

„Drei Möglichkeiten", sagte er, während er sich auf dem Bettvorleger niederließ. „Erstens: Du hast verschlafen. Zweitens: Du bist krank. Drittens: Du hast Urlaub. Falls erstens zutrifft, kannst du dich schon mal auf die Tirade von deinem Chef einstellen. Falls zweitens zutrifft, ruf den Hundesitter an, damit sich jemand um mich kümmert, während du vor dich hin kränkelst. Falls aber drittens zutrifft: Gehen wir zum Hundestrand?" Bei der letzten Frage hechelte er erwartungsvoll. In dem Fall konnte der Tag doch noch ein guter werden.

„Alles falsch", antwortete Frauchen schmunzelnd. „Ich bin in Rente."

„Du bist was?!" Er stellte verblüfft die Ohren auf - soweit man bei seinen langen Schlappohren von Aufstellen sprechen konnte.

„Ich bin in Rente." Henry sprang vorsichtshalber zwei Schritte zurück.

„Ist das ansteckend oder lebensgefährlich?"

„Nein, im Gegenteil, das ist ausgesprochen gesundheitsfördernd."

„Versteh ich nicht."

„Ich muss nicht mehr arbeiten, nie mehr. Der olle Köhler wird sich einen anderen Trottel suchen müssen, dem er seine spontanen Projekte aufhalsen kann, die ihm immer fünf Minuten vor Feierabend einfallen." Henry legte den Kopf schief und versuchte, die Tragweite dieser Informationen zu erfassen.

„Das heißt, wir gehen nicht mehr in dein Büro?"

„Nein."

„Das heißt auch, ich muss mich nie mehr mit der Englischen Bulldogge aus dem Marketing prügeln?"

„Ja, das heißt es. Im Übrigen hatte ich dir verboten, dich mit irgendjemandem zu prügeln." Henry krauste empört die Lefzen.

„Tut mir leid, aber wenn ich diese schnaufende, sabbernde Flachfresse schon sehe! Da fängt mein Adrenalin automatisch an zu sprudeln."

„Also wirklich, Henry! Was sind denn das für Ausdrücke?"

„Tschuldigung." Er legte die Schnauze auf die Pfoten und mimte den Reumütigen. „Moment mal, heißt das etwa auch, dass ich die süße Smilla aus der Buchhaltung nicht mehr sehen werde? Und es gibt auch keine Puppuccinos mehr in der Cafeteria auf der Dachterrasse?"

„Puppuccinos gibt es sicher auch woanders in der Stadt, vielleicht sogar bei unserem Bäcker an der Ecke, und bei Smilla wärst du sowieso nie zum Zuge gekommen."

„Ich weiß, aber die hat so eine tolle Figur, auch wenn sie immer nach diesem Hundeshampoo riecht." Er seufzte aus tiefstem Herzen und rollte träumerisch mit den Augen. „Zu schade, dass ihr Frauchen so eine radikale Emanze ist. Smilla wäre jedenfalls nicht abgeneigt gewesen. Schließlich bin ich ein rundum gutaussehender Typ, oder nicht?"

Er setzte sich in Positur und drehte den Kopf zur Seite, damit sie sein hübsches Profil betrachten konnte, ein bewährter Trick, um eine Extraportion Streicheleinheiten abzustauben. Es funktionierte auch diesmal. Ihre Hand kam unter der Bettdecke hervor und versenkte sich in seinem Fell, direkt hinter dem Ohr an der entscheidenden Stelle. Heiliger Futternapf, tat das gut!

„Ja, das bist du, mein süßer kuscheliger Knuffelwuff", säuselte sie. Okay, Knuffelwuff war nicht das Prädikat, das er sich zugeschrieben hätte, aber so lange sie ihn dafür weiter hinter dem Ohr kraulte, ging es in Ordnung. „Du wirst andere Hundedamen mit tollen Figuren treffen, die vielleicht nicht mal nach Shampoo riechen. Jetzt, da ich nicht mehr arbeiten muss, haben wir viel Zeit für schöne, lange Spaziergänge."

„Wir müssen also nicht mehr in aller Hundegottsfrühe aus dem Haus hetzen und uns durch die Staus in der Innenstadt quälen?"

„Nein. Das ist Geschichte." Henry legte den Kopf wieder auf die Pfoten. So langsam gefiel ihm der Gedanke ... bis auf eine Kleinigkeit.

„Aber wenn du da nicht mehr arbeitest, kriegst du doch auch kein Geld mehr. Wovon willst du denn dann mein handgeschnittenes Premium-Deluxe-Hundefutter mit garantiert achtzig Prozent Fleischanteil und ohne Konservierungsstoffe bezahlen? Glaub ja nicht, dass ich dieses Billigzeug aus dem Supermarkt fresse."

Frauchen schmunzelte nachsichtig. „Mach dir darum mal keine Sorgen. Ich bekomme mein Geld jetzt von der Rentenversicherung, aber das ist zu kompliziert, um es dir zu erklären."

„Ach, du meinst, ich verstehe das nicht, weil ich nur ein dummer Hund bin?"

„Nein, das versteht auch kein Mensch."

Sie warf die Decke zur Seite und schwang die Beine aus dem Bett. Hoppla, das sah aus, als wollte sie tatsächlich aufstehen! Henry sprang auf, hechelte erfreut und rannte aufgeregt im Kreis.

„Na endlich! Ich hatte die Hoffnung schon aufgegeben, dass du dich heute noch mal aus dem Bett bequemst. Ich habe Hunger und ich müsste auch ein paar Geschäfte erledigen, wenn du verstehst, was ich meine." Sie nickte.

„Die kannst du auf dem Weg zum Bäcker erledigen. Ich gönne mir jetzt nämlich ein paar schöne Croissants zur Feier des Tages."

Heute stand sie nicht ewig lange vor ihrem Fellschrank, sondern warf sich kurzerhand in T-Shirt und Jogginghose. Das gab ihm zu denken. Hatte nicht der berühmte

Modeschöpfer Karl Lagerfeld gesagt, wer eine Jogginghose trage, habe die Kontrolle über sein Leben verloren? Frauchen würde doch jetzt nicht etwa in ein Gammlerleben abgleiten, wenn sie keine Verpflichtungen mehr hatte? Er jedenfalls hielt es mit Lagerfeld. Für ihn kam das Halsband einer Jogginghose gleich. Deshalb trug er sein tannengrünes Geschirr, in dem er immer ins Büro gegangen war. Es passte hervorragend zu seinem rotbraunen Fell und nur, weil seine Menschin in Rente war, musste er sich ja nicht gehenlassen.

Es hätte ein entspannter Morgenspaziergang werden können bei strahlend blauem Himmel und angenehmen zwanzig Grad. Hätte können, wenn sie in einer bayerischen Almhütte oder in der Prärie von Montana gewohnt hätten, wo die nächste Farm meilenweit entfernt lag. Wohnten sie aber nicht.

Das Unglück ereilte sie bereits im Vorgarten in Gestalt der dicken Frau Strohmeier von nebenan, die mit hausfraulicher Gründlichkeit ihre blütenweißen Bettlaken auf die Wäscheleine klammerte. Zu Frau Strohmeier musste man wissen, dass sie das Stroh nicht nur im Namen trug. Sie ähnelte einer Straßenlaterne. Man fragte sich regelmäßig, warum da oben Licht brannte, wenn doch offensichtlich niemand zu Hause war.

„Nanu, Frau Schlegel", kommentierte sie Frauchens höflichen Gruß. „Wie seh'n Sie denn heute aus? Sind Se krank oder ham Se Urlaub?"

Durch seiner Herrin Gerede aufgeschreckt, preschte Larry von irgendwo her an den Zaun und führte das für ihn typische Theater auf. Was er rassemäßig darstellte, wusste niemand so genau. Am deutlichsten ließen sich noch die Einflüsse von Zwergpinscher und Zwergschnauzer erkennen, in jedem Fall Zwerg.

„Wage es ja nicht, eine Pfote in mein Revier zu setzen!", kläffte er in einer Tonart, die Gläser zerspringen lassen konnte. „Und wenn du an meinen Zaun pinkelst, mache ich Fliegenvorhänge aus deinen Ohrlappen, du aufgeblasener brauner Bettvorleger, verstehste?" Henry widerstand heroisch der Versuchung, eben Letzteres zu tun, um dann zu sehen, wie Larry seine Drohung wohl wahr machen wollte. Nein, solche prolligen Typen ignorierte man am besten.

„Ich bin seit heute in Rente", sagte Frauchen. Frau Strohmeier fuhr herum, riss dabei fast das halb aufgehängte Laken von der Leine und starrte Frauchen ungläubig an.

„Rente? Sie? In Ihrem Alter? Na, Sie lassen's sich gut gehen, was? Mein armer Michael mit seinem kaputten Knie muss noch drei Jahre." Da sie beide nicht verstanden, was genau die Strohmeiersche damit sagen wollte, murmelte Frauchen ein knappes „Schönen Tag noch!" und sie machten sich schleunigst aus dem Staub.

Es dauerte eine geschlagene halbe Stunde, bis sie den großen Platz mit den vielen Geschäften erreicht hatten. Unter normalen Umständen brauchte man für den Weg nur die halbe Zeit. Heute waren die Umstände aber nicht normal, denn Frauchen war in Rente.

Für ihn hatte dieses Rentending seine Vorteile. Heute zog sie ihn nicht eilig weiter, denn sie musste alle paar Minuten stehen bleiben und menschlichen Bekannten und Nachbarn erklären, dass sie nicht krank und nicht im Urlaub, sondern in Rente war. Daher hatte er genügend Muße, all die Nachrichten an den Bäumen, Sträuchern und Hauswänden zu lesen und sie mit seiner persönlichen Visitenkarte zu beantworten.

Vor dem Bäckerladen fand anscheinend ein Kreishundetreffen statt. Da saß Bobby, der Golden Retriever, der vier Bäume weiter auf der anderen Straßenseite wohnte. Neben ihm lag Rauhaardackel Julius aus der Nebenstraße. Man musste allerdings zweimal hinsehen, um festzustellen, dass er lag. Seine Beine waren eindeutig zu kurz für die Menge Bauch, die er mit sich herumschleppte.

Tessa dagegen, die hellgelbe Cocker-Dame hatte genau die richtige Figur für seinen Geschmack. Leider war sie kastriert, ebenso wie Polly, die Dobermännin, - oder hieß das neuerdings Doberfrau? - die ihn allerdings so gar nicht reizte.

„Hey Henry, alter Knabe, wie geht's?", sagte Bobby. „Was machst'n hier um diese Zeit? Seid ihr krank oder habt ihr Urlaub?"

„Weder noch. Wir sind in Rente."

„Ach du Scheiße! Du Ärmster!" Bobby und Julius schnauften unisono.

„Wieso?"

„Seit meine beiden in Rente sind, komme ich kaum noch vor die Tür", sagte Julius traurig. „Siehst ja, was aus mir geworden ist. Ich hab schon ganz vergessen, wie es im Wald so riecht."

„Bei mir war's umgekehrt", erzählte Bobby. „Als mein alter Mann damals in Rente ging, hatte ich zwei Jahre die Hölle auf Erden."

„Warum das denn?", fragte Henry verwirrt.

„Er hatte nichts mehr zu tun. Also fing er an, Bücher über Hundehaltung zu lesen, und in denen steht wohl drin, dass ein großer Hund viel Auslauf braucht. Folglich holte er seinen Drahtesel aus dem Stall und scheuchte mich tagtäglich bis zum Pfotenbluten durch die Pampa. Das war echt kein Spaß. Ich hab fünf Kilo abgenommen damals."

Henry hörte mit Schrecken zu. Frauchen besaß zum Glück kein Fahrrad. Sie würde doch nicht etwa auf die völlig absurde Idee kommen, sich eins zuzulegen?

„Und jetzt musst du nicht mehr laufen?"

„Nein." Bobby hechelte verschämt. „Weißt du, eines Tages lief uns dieser Hase über den Weg und … Es tut mir ja heute noch leid, aber es war so ein Impuls. Ich wollte dem Langohr ja auch gar nichts tun, nur ein bisschen spielen. Leider hatte ich in dem Moment vergessen, dass die Leine an mir hing. Den Rest kannst du dir vorstellen, oder? Merk dir den Trick, falls deine Dosenöffnerin auf krause Gedanken kommen sollte."

„Hey, Leute, was geht?" Von links humpelte Thekla heran, ihres Zeichens Schäferhündin und ehemalige Drogenschnüfflerin beim Zoll. „Henry, alter Junge, lange nicht gesehen. Ist deine Lady krank oder habt ihr Urlaub?" „Wir sind in Rente", antwortete er unlustig. Die Fragerei nervte. Musste er in Zukunft allen Vierbeinern im Viertel lang und breit erklären, warum er sich um zehn Uhr morgens auf der Straße herumtrieb, anstatt im Büro unter Frauchens Schreibtisch zu liegen?
„Rente ist cool", sagte Thekla. „Ich für meinen Teil bin echt froh, dass sie mich ausgemustert haben. Meine Hüftgelenksdysplasie macht mir immer noch zu schaffen, trotz OP." Oh nein, sie würde doch jetzt hoffentlich nicht wieder mit dieser Geschichte anfangen! Jede Fellnase im Umkreis von zehn Kilometern kannte die Geschichte von Theklas komplizierter Hüftoperation und wie sie gerade noch mal an der Regenbogenbrücke vorbeigeschrammt war. Wo blieb eigentlich Frauchen?

Oh, da kam sie tatsächlich aus dem Laden, aber sie wirkte gehetzt. Nanu? Ihr Brotbeutel sah leer aus und sie trug auch keinen Kaffeebecher mit Sahne in der Hand.
„Los, komm", sagte sie und knibbelte hastig seine Leine vom Fahrradständer. „Es gibt Knäckebrot zum Frühstück. Wenn ich heute noch einmal irgendwem erklären muss, warum ich in meinem Alter schon in Rente bin, könnte ich

16

einen Mord begehen. Das würde Knast für mich und Tierheim für dich bedeuten und das wollen wir doch nicht, oder?" Henry schüttelte den Kopf so heftig, dass seine langen Ohren nur so knallten.

„Nein, das wollen wir auf keinen Fall, aber was ist mit meinem Puppuccino?"

„Ich habe noch einen Becher Joghurt im Kühlschrank. Den kannst du meinetwegen ausschlabbern. Morgen versuchen wir es dann noch mal."

VERSPIELT! ODER DAS GROßE RENTENQUIZ
Steffen Ralf

Alle Augen sind auf mich gerichtet. Mir zittern die Knie, als ich den Weg zum Kandidatenstuhl antrete.

WER BEKOMMT DIE RENTE? Ein neuartiges TV-Format im SFD, dem Senioren Fernsehen Deutschland, ging erst kürzlich auf Sendung. Und nun, in der zweiten Ausgabe der Show, bin ich zu Gast im Studio.

Ich nehme all meinen Mut zusammen, atme tief durch, prüfe den Sitz meiner Krawatte und ziehe meine Mundwinkel etwas nach oben, damit ich „gut rüberkomme", wie mir die Fernsehleute bei der Probe gesagt haben. Mechanisch setze ich einen Fuß vor den anderen. Da steht sie auch schon vor mir – Linda Laune, die Fernsehmoderatorin mit der blonden Löwenmähne, die mich mit einem überaus bezaubernden Lächeln erwartet. Sie schließt mich in ihre Arme und ich schnuppere ihr betörendes Parfüm. Das ist ja wie Ostern und Weihnachten zugleich, denke ich, und berühre sanft ihre Wange.

„Herzlich willkommen in unserer Show! Ich hoffe, Sie hatten eine gute Anreise aus der schönen Seniorenstadt am Rande des Altengebirges", begrüßt mich die Gute-Laune-Moderatorin und strahlt, als hätte sie soeben ihren Traumprinzen getroffen.
„Ja natürlich", antworte ich erfreut von so viel Herzlichkeit. Ich fühle mich wie ein Glückspilz, der nach dem Regen der letzten Nacht eindrucksvoll aus dem Boden geschossen ist.

Gestern noch hatte ich überlegt, wieder abzureisen. Das Herz war mir gehörig in die Hose gerutscht. Was, wenn ich auf der Bühne versagen würde? Wenn ich nicht die unglaubliche Summe von siebenundsechzigtausend Euro mit nach Hause nehmen dürfte, die es als Monatsrente zu gewinnen gibt? Wenn ich vielleicht auch keine sechstausendsiebenhundert, keine sechshundertsiebzig und nicht mal die mageren siebenundsechzig Euro gewänne. Im schlimmsten Fall würde es noch nicht einmal für den Trostpreis von sechs Euro siebzig im Monat reichen? Was würde dann wohl meine Frau Ulrike dazu sagen?

Ach, Ulrike! Sie wollte zur Aufzeichnung der Sendung partout nicht mitkommen und hatte sich damit entschuldigt, dass es ihr nicht so gut ginge. Schnupfen und so. Außerdem müsste sie ja noch ein bisschen arbeiten – im Gegensatz zu mir, dem Frührentner. Es klang fast wie ein Vorwurf.

Also gut, hatte ich mir gedacht, reise ich halt alleine nach Köln-Mülheim. Werde einen hübschen Batzen Geld mitbringen, über den sich auch Ulrike freuen würde. Eine Win-win-Situation für die ganze Familie!

„Herr Sander!", reißt mich die blonde Fernsehmoderatorin aus meinen Gedanken. „Sie sind ohne Begleitung gekommen. Ihre Frau ist ein wenig erkältet, habe ich gehört. Dann wünschen wir ihr von hier aus ‚Gute Besserung!‘ Sie dürfen ihr gerne in die Kamera winken. Ein Applaus für Herrn Sander und seine Frau!"

Das Saalpublikum applaudiert und ich winke fröhlich in die Kamera.

„Herr Sander, das ist Ihr Applaus! Hier wird mit Vorschusslorbeeren nicht gegeizt", freut sich Linda Laune und deutet auf den Kandidatenstuhl. „Setzen Sie sich bitte und fokussieren Sie sich ganz auf Ihre Aufgabe. Wie Sie mir gesagt haben, waren Sie jahrelang in der Möbelbranche tätig. Wobei ich hoffe, dass Sie mit der Ausstattung in unserem Studio zufrieden sind, haha."

Zugegeben, mein Fokus galt just in diesem Moment eher dem reizenden Anblick der attraktiven Frau Laune. Ich muss mich zusammenreißen, wenn ich hier einen Blumentopf und möglichst noch mehr als das gewinnen will. Das Lächeln nicht vergessen, Sanderchen!

Linda Laune lächelt zurück, und ich nehme auf meinem Kandidatenstuhl Platz. Komisch, überlege ich, so einen ähnlichen, zugegebenermaßen nicht annähernd so komfortablen Stuhl hatte ich doch jahrelang in meinem kleinen Kabuff stehen. Aber egal … Ich muss mich auf meine Aufgabe konzentrieren.

„Herr Sander, sind Sie bereit?"

Und ob ich das bin! Vielleicht ist es gar nicht so schlecht, dass Ulrike nicht mit von der Partie ist. So kann ich Linda Laune ab und zu ein paar verliebte Blicke zuwerfen. Sie ist aber auch süß! Ob sie mir ein bisschen bei der Beantwortung der Fragen hilft? Mit Augenzwinkern und so? Na ja, vermutlich darf sie das nicht, auch wenn sie es für mich tun möchte.

Hoffentlich fängt die Kamera nicht ein, wie sehr meine Blicke an Linda Launes zuckersüßem Mund hängen. Ulrike könnte ernstlich böse werden, wenn sie das sieht. Aber schließlich muss ich doch konzentriert zuhören! Das Angenehme mit dem Nützlichen verbinden, dieses Motto nehme ich gern an ...

Ich nicke bestätigend und strecke siegessicher meinen Daumen nach oben.

„Dann kommt jetzt die erste Frage. Es geht um sechs Euro siebzig."

Im Hintergrund beginnt dezent die Musik zu spielen – ach, ist das spannend hier. Die Melodie verfehlt ihre Wirkung nicht, ist wunderschön entspannend ... – und ich sehe und höre zu, wie Frau Laune ihre Lippen bewegt und spricht: „Herr Sander, das Wort Rentner liest sich vorwärts und rückwärts gleichermaßen. Rentner vorwärts und rückwärts: r-e-n-t-n-e-r. Haben Sie das gewusst?"

War das jetzt schon die Frage? Sollte ich gleich zu Beginn an dieser simplen Frage scheitern und mich blamieren – vor meiner Ulrike und vor dem gesamten Fernsehpublikum in Deutschland? Die werden sich alle den Bauch halten vor Lachen. Warum habe ich mir nie darüber Gedanken gemacht, wie sich das Wort Rentner vorwärts und rückwärts liest?

Ich beschließe zu schummeln. „Ja", sage ich im Brustton der Überzeugung. „Das ist mir bekannt." Dazu nicke ich leicht und versuche zu lächeln. Wahrscheinlich gelingt mir nur ein blödes Grinsen.

Frau Laune kneift die Augen etwas zusammen und mustert mich eingehend. „Soso, das wissen Sie also. Na ja, Sie sind ja auch schon einige Monate Rentner. Da haben Sie eine Menge Zeit und können sich auch mal mit Wortspielen beschäftigen."

Haha, denke ich. Viel Zeit, von wegen. Rentner haben niemals Zeit. Ich erledige den Haushalt, grabe den Garten um, füttere die Katze, fahre einkaufen, um nur einen winzigen Teil meines täglichen Programms zu nennen.

Linda Laune unterbricht meinen Gedankenfluss. „Aber das war noch nicht meine eigentliche Frage. Denn die kommt jetzt!" Die Moderatorin schaut mich triumphierend an und ich bemühe mich, mir meine Enttäuschung nicht anmerken zu lassen. Konzentriere dich, Junge, du schaffst es!

„Es gibt in der Sprachwissenschaft einen Begriff dafür, wenn man etwas sowohl von vorn als auch von hinten lesen kann. Das kann das Gleiche sein, wie beim Rentner oder beim Reittier, haha. Oder etwas Neues ergeben: wie beim Regal, aus dem umgekehrt ein ganzes Lager wird. Hahaha. Das können Wörter und auch vollständige Sätze sein: Anni, meide die Minna! Hahaha. Haben Sie's verstanden? Hihihi. Herr Sander, wie nennt man diese Wortspielerei in der Sprachwissenschaft?

A)   ein Aerodrom,
B)   ein Hippodrom,
C)   ein Palindrom oder
D)   ein Velodrom.

Was ist es? Die Zeit läuft: siebenundsechzig Sekunden …"

Aha, das ist also die eigentliche Frage, und ich habe siebenundsechzig Sekunden Zeit zum Überlegen. Ganz ruhig bleiben, Alter! Ein Aerodrom ist eine Art Flugplatz. Ein Hippodrom hat was mit Pferden zu tun, eine Pferderennbahn. Und ein Velodrom dürfte eine Radrennbahn sein. Bliebe das Palindrom, von dem ich noch nie gehört habe.

„Ein Palindrom, gewiss!", antworte ich.

„Sicher?", fragt Linda Laune.

„Sicher!", sage ich und drücke auf den passenden Button. Er verfärbt sich grün und ein Tusch ertönt. Ich habe die richtige Antwort gewählt.

Das Publikum applaudiert artig.

„Das wären schon mal sechs Euro siebzig für Sie als monatliche Quiz-Rente – vorausgesetzt, Sie dürfen sie behalten und verspielen sie nicht wieder." Die Moderatorin lächelt und ich bin erleichtert, die erste Hürde im RENTENQUIZ erfolgreich genommen zu haben.

„Sechs Euro siebzig", sinniert die Moderatorin. „Na ja, ich vermute, ein bisschen mehr werden Sie als Rentner ja wohl bekommen, oder?" Augenzwinkernd blickt sie sich nach allen Seiten um. Aus dem Publikum ertönen ein paar Lacher.

Ich kratze mir verlegen die Nase und quäle mir ein zustimmendes Nicken ab. Mein Berufsleben war ver-dammt schwer: erst in der Produktion und als Möbelpacker und später im Versand. Bis die Bude zumachte …

„Na, so genau will ich es auch gar nicht wissen, Herr Sander. Kommen wir also zur zweiten Frage. Und da geht es immerhin um siebenundsechzig Euro Rente pro Monat. Interessieren Sie sich für Musik?"

„Ja", antworte ich spontan. Schließlich singe ich ab und zu in der Badewanne und unter der Dusche.

„Na gut. Spielen Sie ein Instrument?", will die Moderatorin wissen.

„Ich blase manchmal auf dem Kamm", fällt mir blitzartig ein, und diesmal habe ich die Lacher auf meiner Seite.

Linda Laune stimmt in das Lachen ein und wendet sich rasch wieder an mich. „Sie sind ja ein Scherzkeks. Da wird Ihre Ulrike sicher viel Freude mit Ihnen haben."

Ich lasse das mal so stehen, obwohl … Na ja, mein Eheleben geht nun wirklich keinen etwas an.

„Herr Sander, hier kommt die zweite Quizfrage. Sind Sie bereit?"

„Ja", antworte ich entschlossen. Ich will es heute wissen!

Erneut ertönt sanfte Musik und Frau Laune stellt mir die zweite Frage:
„,Alles klar auf der Andrea Doria' heißt ein Song von Udo Lindenberg. In dem Lied heißt es: ,Bei Onkel Pö spielt 'ne …' Wer oder was spielt dort, Herr Sander?"

Ich überlege kurz und rufe sogleich „'ne Rentnerband", denn ich kenne das Lied. Die weiteren Antwortmöglichkeiten schaue ich mir gar nicht erst an.

„Prima! Das ist richtig!" Linda Laune freut sich für mich. Und das Publikum klatscht, diesmal etwas empathischer.

„Das ergibt inzwischen eine monatliche Quiz-Rente von siebenundsechzig Euro für Sie, Herr Sander."

Die dezente Musik wechselt zum Lied von Udo: Bei Onkel Pö spielt 'ne Rentnerband seit 20 Jahren Dixieland …

Die Musik wird wieder ausgeblendet und Frau Laune lächelt mich an: „Kommen wir nun zur dritten Frage. Es geht um sechshundertsiebzig Euro monatlich."

Ich zucke zusammen. Viel mehr Rente bekomme ich auch nicht.

„Herr Sander, Sie sind Rentner. Ein Rentner wie Sie bekommt monatlich eine Rente, während ein Rentier – geschrieben wie das gleichnamige Rentier – von Zahlungen aus seinem angelegten Kapital lebt. Sie leider nicht, Herr Sander, deshalb sind Sie hier. Hahaha."

Ich wiege den Kopf hin und her und nicke zustimmend.

„Sehen Sie! In der Frage soll es aber um die leibhaftigen Rentiere gehen, um die Rentiere in der freien Wildbahn. Hihihi. Die Frage lautet wie folgt: Welche der folgenden Aussagen über Rentiere stimmt nicht?

A)   Rentiere wandern viel.
B)   Rentiere sind Pflanzenfresser.
C)   Auch die Weibchen tragen ein Geweih.
D)   Rentiere geben oft menschenähnliche Laute von sich.

Siebenundsechzig Sekunden Zeit zum Überlegen ...“

Okay, da haben sie mal was über Rentiere im Fernsehen gebracht, das habe ich mir angeschaut. Ja, sie wandern viel, und Veganer sind sie auch. Und alle tragen sie ein Geweih, im Gegensatz zu den anderen Hirschen. Aber menschenähnliche Laute? Nein, das glaube ich nicht.

„D stimmt nicht. Rentiere können nicht reden wie die Menschen.“ Ich betätige den Button.

Die Moderatorin betrachtet mich noch prüfend, während schon der Tusch ertönt. „Richtig!“
Linda Laune lächelt versonnen. „Na ja, wenn man vom Brunftschrei mal absieht, hihihi. Und sie ziehen den Schlitten vom Weihnachtsmann, hahaha. Sechshundertsiebzig Euro monatlich für Sie, Herr Sander.“

Das Publikum feiert mich mit einem starken Applaus. Ich fühle mich wie der Platzhirsch auf dem Kandidatensessel. Ulrike wird stolz auf mich sein.

„Und damit kommen wir zur zweithöchsten Summe, die es in dieser Sendung zu gewinnen gibt. Es geht um eine Quiz-Rente von sage und staune sechstausendsieben-hundert Euro pro Monat. Hand aufs Herz, Herr Sander, haben Sie jemals in Ihrem Berufsleben Monat für Monat so viel verdient?“

Als ich stumm bleibe, tröstet mich Frau Laune. „Vermutlich nicht, aber kein Problem – dafür haben Sie jetzt die Chance, Ihre soeben erspielte Rente von sechshundertsiebzig Euro um das Zehnfache zu erhöhen.

Aufgepasst, Herr Sander! Von einem großen deutschen Dichter stammen die folgenden Zeilen:

Gerne der Zeiten gedenk' ich, da alle Glieder gelenkig – bis auf eins.

Doch die Zeiten sind vorüber, steif geworden alle Glieder – bis auf eins.

Wer hat dies gedichtet?

A)   Johann Wolfgang von Goethe,
B)   Heinrich Heine,
C)   Gotthold Ephraim Lessing oder
D)   Friedrich Schiller.

Zeit zum Nachdenken: siebenundsechzig Sekunden …"

Oh, da bräuchte ich einen Joker. Den gibt's leider nur bei einer anderen Fernsehshow. Aber egal! Bei Goethe kann man nichts falsch machen …

„Ich nehme A, den Goethe." Gesagt, getan. Tusch!

„Glückwunsch, Herr Sander!" Tosender Beifall ist zu hören.

Sechstausendsiebenhundert Euro Rente, jeden Monat! Ich kann noch gar nicht so recht begreifen, wie mir geschieht. Ulrike wird zu Hause jubeln. Und sie muss dann nicht mehr arbeiten. Wir machen uns ein schönes Rentnerleben, wir zwei.

„Wir sehen uns nach der Pause wieder. Bleiben Sie dran."

-- Werbepause --

In der Pause erscheint die Maskenbildnerin und wischt mir den Schweiß von der Stirn. Auch Linda Laune gesellt sich zu mir und gratuliert nochmals persönlich. „So weit hat es noch kein anderer vor Ihnen geschafft. Die letzte Frage packen Sie auch noch", macht sie mir Mut und klopft mir auf die Schulter. Oh ja, Linda!

Es geht weiter. Das Finale beginnt.

„Wollen Sie lieber an dieser Stelle aufhören? Hihihi." Linda Laune schien die Frage nicht ernst gemeint zu haben, oder? Sie lächelt mir schelmisch zu.

„Ich nehme die Herausforderung an", antworte ich fast staatsmännisch. Jetzt will ich die ganze Kohle haben!

Die Musik setzt wieder ein und Frau Laune liest mit feierlicher Miene die letzte Frage vor:
„Herr Sander, monatlich siebenundsechzigtausend Euro warten auf Sie, – wenn Sie mir sagen, wie alt der biblische Methusalem wurde. Er gilt als der älteste in der Bibel erwähnte Mensch überhaupt. Sind es

A)   669,
B)   769,
C)   869 oder
D)   969 Jahre?

In spätestens siebenundsechzig Sekunden müssen Sie mir

Ihre Antwort verraten."

Trommelwirbel erklingt.

Das weiß ich doch! Ich will etwas sagen, aber es gelingt mir nicht.

Linda Laune schaut mich fragend an. „Wissen Sie es nicht, Herr Sander? Stellen Sie sich vor, wie lange Sie die Quiz-Rente erhalten, wenn Sie so lange leben würden wie Methusalem … Hihihi."

969! Es sind 969 Jahre! Ich versuche zu sprechen, aber aus meinem Mund kommt kein Ton mehr heraus. Nnnneu…

Nur ein Rauschen ist zu hören, sonst nichts. Ich bin verzweifelt und das Publikum wird unruhig.

Boiiing! Die Zeit ist vorüber. Aus dem Publikum kommt ein mitfühlendes „Oooaahhh!".

Meine blonde Lieblingsmoderatorin beugt sich zu mir herüber und breitet bedauernd ihre Arme aus. „Damit fallen Sie leider zurück auf null Euro. Schade!"

Ihre Lippen nähern sich den meinen. Will sie mich zum Trost küssen? Sie will!

„Sanderchen, mein Sanderchen! Peter, mein Liebster! Ach, Peter!"

Jetzt nennt sie mich beim Vornamen? Und ich bin ihr Liebster?!

Ich spüre einen sanften Kuss auf meinen Lippen. Sie hat mich geküsst!

„Aufwachen, Peter! Du hast schlecht geträumt." Ulrike streicht mir übers Haar. „Was war denn los?", will sie von mir wissen. „Du hast irgendwelches Zeug geredet, und du hast so geschwitzt dabei."

Ich schaue sie an, blicke zum Fenster. Der Regen prasselt an die Scheiben. Aha, der Trommelwirbel von vorhin und das Rauschen, das ich gehört habe! Der Traum ist mir noch allgegenwärtig und steckt mir fest in den Gliedern. Heute ist Sonntag, fällt mir ein, Ulrike muss nicht weg und wir können es uns beide gemütlich machen. Ach, was hätte ich mit dem vielen Geld nur gewollt!? Ich habe Ulrike und wir haben ein schönes Zuhause. Bald wird auch Ulrike zu Hause bleiben können und wir werden unser Leben gemeinsam als Rentnerin und Rentner verbringen.

Aber in eine Quizshow werde ich nicht noch einmal gehen. Tschüss, blonde Moderatorin ... Ich muss unwillkürlich grinsen über meinen Traum. Ulrike lächelt mich an und ich lächle zurück. Ich küsse sie zärtlich auf ihren Mund. Was werden sie in dieser verrückten Fernsehshow nun wohl ohne mich machen?

AHOI, RESI UND SEPP!

Isabelle Frings

„Welcome, Mister and Misses Smith!", empfängt ein adretter junger Mann in weißer Uniform das bayerische Rentnerehepaar Resi und Sepp an der Gangway des Kreuzfahrtschiffes. „Grüß Gott! Wir sind der Herr und die Frau Schmitt, nicht Smith", klärt die reiselustige Frau das scheinbare Missverständnis auf. Stirnrunzelnd blickt Resi zu ihrem Gatten. Vom Service eines Luxuskreuzers hat sie sich mehr Korrektheit erwartet. Ihren Mann hingegen plagen andere Probleme, denn es gelingt ihm nur mit größter Kraftanstrengung, den schweren Koffer hinter sich her zu ziehen. „Mister Smith, please wait! I'll help you." Der Steward eilt zu Sepp, um ihm das Gepäck abzunehmen. Anschließend zeigt er dem Paar die von ihnen gebuchte Außenkabine im Heckbereich des Schiffes.

„I hope you are satisfied with your cabin. See you later", verabschiedet sich der freundliche Bordmitarbeiter, nachdem er den Koffer der beiden in der Kajüte abgestellt hat. Resi zuckt mit den Schultern, denn sie versteht kein Englisch. Sepp geht es genauso. „Vergelt's Gott!", erwidert Frau Schmitt aufs Geratewohl und drückt der Servicekraft eine Wurstsemmel in die Hand, die sie vorsichtshalber als Proviant eingepackt hat, falls sie das Ablegen des Schiffes verpasst hätten.

Kaum dass der Steward die Türe hinter sich zugezogen hat, stürzt Resi zum Bett und lässt sich laut jodelnd hineinplumpsen. „Sepp, endlich machen wir eine Kreuzfahrt! So lange haben wir dafür g'spart. Ich freue mich närrisch. Wir sind frei! Kein Chef sagt uns mehr, was wir zu tun haben. Wir sind im wohlverdienten Ruhestand!"

Ihr Mann strahlt sie mit einem seligen Lächeln an, legt sich zu ihr auf die Koje und gibt ihr ein schmatzendes Busserl. „Du und ich auf dem Meer, was will man mehr für ein Mehr von fünf Tagen Wochenende?", erfreut sich der Hobby-Schriftsteller an seinem Wortspiel.

„Jetzt schauen wir uns erst mal alles in Ruhe an. Ich habe uns extra eine Außenkabine gebucht, damit wir einen schönen Ausblick auf den Ozean haben." Resi steht auf und blickt sich um. „Na, Sakradi, des gibt's fei net!", ruft sie entrüstet, als sie entdeckt, dass ein Rettungsboot vor dem Bullauge die Sicht verdeckt. „Mei, Spatzerl", tröstet sie ihr Gatte, „dann gehen wir halt an Deck. Da liegt uns das Meer direkt zu Füßen."

Nachdem beide den Koffer ausgepackt und sich erfrischt haben, begeben sie sich auf Entdeckungstour. Mit großen Augen bestaunen sie die enormen Ausmaße des Kreuzers. Es scheint hier an nichts zu fehlen. Einkaufspassagen, Kino, Pool, Park, Fitnesscenter, Restaurants, der Reiseanbieter hat an alles gedacht, um seinen Gästen einen erholsamen Aufenthalt zu bieten. Als jedoch während ihres Rundgangs ein Fahrradfahrer mit schellender Klingel an dem Ehepaar vorbeibrettert, fühlt es sich für einen kurzen Moment aus dieser Traumwelt in die Realität zurückversetzt. „So a damischer Hirsch!", schimpft Resi. „Komm, mein Mauserl, wir gehen in die Bar und gönnen uns auf den Schreck hin einen Cocktail", schlägt ihr Mann vor.

Als das Pärchen nach einiger Suche den Lounge-Bereich gefunden hat, wird es von einer entspannten Atmosphäre empfangen. Im Hintergrund spielt leise Jazzmusik, die Gäste unterhalten sich angeregt, aber nicht lautstark, und das Licht verleiht dem Raum eine gedämpfte Wohlfühlstimmung. Resi und Sepp haben zunächst Mühe, auf die modernen Barhocker zu klettern, aber schaffen es mit gegenseitiger Unterstützung am Ende doch.

„Hello, what do you want to drink?", möchte der sympathisch lächelnde Kellner wissen. „Ich hätte gerne einen Happy Hour", bestellt Sepp. „Yes, it is Happy Hour. But what do you want to drink?" „Happy Hour." „Do you want a Cosmopolitan?" „Ich verstehe jetzt nicht, was Sie wollen. Ich mag einen Happy-Hour-Cocktail. Kosmo-politen sind wir noch nicht, aber wir sind auf dem Weg dorthin." Nervös rutscht Sepp auf dem Stuhl hin und her. Neugierig schaut der Mann, der neben ihm sitzt, zu ihm herüber und bietet seine Hilfe beim Übersetzen an.

Nachdem der Sitznachbar dem Mann aus Bayern erklärt hat, dass Happy Hour eine bestimmte Zeitspanne meint, in der die Cocktails weniger kosten als sonst, entscheidet sich Sepp für einen Mojito. Resi zögert noch etwas mit ihrer Bestellung und flüstert ihrem Mann ins Ohr: „Ich hätte gern Sex on the Beach. Da ist Pfirsichlikör drin. Ich liebe Pfirsichlikör. Aber es ist mir zu peinlich, den zu bestellen. Könntest du das bitte für mich machen?" Sepp reagiert verhalten und raunt zurück: „Magst nicht einfach nur einen Pfirsichlikör trinken? Wer weiß, was Beach heißt?" Resi nickt erleichtert ob dieses Kompromisses.

Während das Ehepaar an den Getränken nippt, kommt es mit dem Übersetzungsgehilfen von nebenan ins Gespräch. „Wissen Sie, warum das Schiffspersonal kein Deutsch spricht?", fragt Sepp, der bereits einen kleinen Schwips hat. „Die Bordsprache auf diesem Kreuzer ist Englisch", antwortet sein Gegenüber. „Das habe ich scheinbar bei der

Buchung übersehen", sagt Resi verlegen. „Ach, Botscherl, das ist nicht schlimm. Das kann jedem passieren, der für eine Kreuzfahrt mehrere 1000 Euro zu zahlen bereit ist. Ich gehe jetzt mal auf Toilette." Ihr Gatte macht sich leicht torkelnd auf den Weg.

Als Sepp wieder an seinen Platz an der Theke zurückkehrt, ist er leichenblass. „Geht es dir nicht gut? Bist du seekrank?" Besorgt schaut Resi ihn an. Ihr Mann trinkt sein halbvolles Cocktailglas in einem Zug leer. „Jetzt sprich schon!" „Ich, ich, ich habe meinen Chef auf dem Weg zum Lokus gesehen. Er macht anscheinend auch eine Kreuzfahrt. Ich hatte gehofft, diesen Sklaventreiber in meinem Leben nie, nie wiedersehen zu müssen. Wie soll ich denn jetzt noch diese Reise genießen können?" Resi legt beruhigend ihre Hand auf seine Schulter. „Das hast du dir vermutlich nur eingebildet. Hast ja schon drei Drinks intus. Wir gehen jetzt in unsere Kabine und schlafen noch etwas vorm Abendessen."

Im Bett ihres Zimmers fällt es dem Bayern zunächst schwer, zur Ruhe zu kommen. Zum einen quält ihn Übelkeit, was entweder seinem übermäßigen Alkoholkonsum oder dem Wellengang geschuldet ist. Zum anderen bekommt er das Bild nicht aus dem Kopf, wie er seinen Vorgesetzten in der Bar gesehen hat. Anders als üblich hat er keinen Anzug, sondern ein Hawaii-Hemd getragen. Herr Winter hat mit seiner Gemahlin an einem Bistrotisch gesessen und wie hypnotisiert eine junge Kellnerin mit seinen Blicken verfolgt, sodass ihm sein ehemaliger Mitarbeiter offensichtlich nicht aufgefallen ist.

„Überstunden ohne Lohnausgleich? Mache ich gerne, Sir!", ruft einige Zeit später der Rentner aus Bayern.

Schweißgebadet erwacht er aus einem Albtraum. Während er langsam zur Besinnung kommt, hört er Resi neben sich lachen. „Was ist so lustig?" Mürrisch dreht sich Sepp auf dem Bett zu ihr um. „Du hast im Schlaf gesagt, dass du gerne Überstunden ohne Lohnausgleich machen würdest", lautet ihre Antwort. Sepp glaubt zwar, seine Frau treibe Schabernack mit ihm, stimmt aber dennoch in ihr Gelächter mit ein.

„Soll ich das blaue oder das rote Dirndl fürs Abendbrot anziehen?" Resi ist aufgeregt. Vom Hörensagen her meint sie zu wissen, dass sich der Schiffskapitän beim Dinner willkürlich seinen Platz an einem der Tische der Gäste aussucht. „Nimm das rote Kleid. Das passt wunderbar zu deinen weißen Zöpfen." Sepp, der sein Unwohlsein überwunden hat, geht mittlerweile wie seine Frau nicht mehr davon aus, dass sich sein einstiger Boss mit an Bord befindet. Für viel wahrscheinlicher hält er eine Verwechslung infolge seiner langjährigen Belastung durch den Beruf. Die Kreuzfahrt will er nutzen, um möglichst schnell den Stress der Arbeit hinter sich zu lassen und zu innerer Gelassenheit zu finden.

Beim Betreten des festlich geschmückten Restaurants stellt das Ehepaar erleichtert fest, dass ein Buffet angerichtet ist, sodass es sich das Essen ohne Sprachbarrieren aussuchen kann. „Das schaut lecker aus", kommentiert Resi das Gericht auf ihrem Teller, nachdem sie und ihr Mann sich an einen freien Tisch für vier Personen gesetzt haben. Sepp hat für einen Zweiertisch plädiert, aber seine Gattin hat entgegnet: „Auf keinen Fall! Wo soll denn dann der Kapitän hin?"

Die frischen Meeresfrüchte munden den beiden vorzüglich. Zu ihrem Mahl haben sie ein Bier bestellt, was der Kellner ohne Kommunikationsprobleme auf Anhieb verstanden hat. „Resi, ich mache mich noch mal übers Buffet her. Soll ich dir was mitbringen?" „Ich bin pappsatt. Vielleicht hole ich mir später selbst einen Nachschlag." Sepp reiht sich in der Schlange an der Anrichte mit den Speisen ein. Gierig schaut er auf den knusprig gebrutzelten Hähnchenschenkel, von dem nur noch ein einziger auf der Servierplatte liegt. Plötzlich sieht er, wie ein Mann vor ihm danach greift. Der Bayer reckt seinen Hals, um zu erkennen, welche Person der Haxendieb ist. „Resi!", schreit er plötzlich so laut, dass sich alle Gäste im Restaurant erschrocken nach ihm umsehen. Sepp lässt abrupt seinen Teller fallen, der scheppernd auf dem Boden zerbricht, und rennt wie von der Tarantel gestochen zur Kabine des Paares im Heckbereich des Schiffes.

Resi sieht ihm in Schockstarre hinterher. Aus den Augenwinkeln registriert sie, dass zeitgleich der Kapitän durch den Mitarbeitereingang den Speisesaal betritt. Doch in diesem Moment ist es ihr wichtiger, nach Sepp zu schauen, als die Ehre zu haben, neben dem Steuermann des Kreuzers sitzen zu dürfen. Die Frau im Dirndl läuft völlig aufgewühlt ihrem Gatten hinterher und findet ihn am ganzen Körper zitternd im Bett ihrer Kajüte vor.

„Was ist passiert?", fragt Resi mit zittriger Stimme. Sepp schnappt nach Luft und ringt nach Worten: „Er, er ist da. Ich bin mir sicher. Den Hähnchenschenkel hat er mir weggenommen." „Wer ist da?" „Der Winter, mein früherer Chef." Augenblicklich fällt die Anspannung von Resi ab. Sie hatte sich schon das Schlimmste ausgemalt, dass ihr Mann vielleicht bei einem Kellner nach „Beach" verlangt hätte, wo doch keiner von ihnen beiden weiß, was das heißt. Vielleicht illegale Drogen? Und dann auch noch in Kombination mit Sex, wie es als Getränk auf einer offiziellen Cocktailkarte angeboten wird!

Auf einmal weiß Resi, was zu tun ist. „Sepp, wir brechen die Reise ab. Hier stimmt was nicht. Ich glaube, die transportieren auf dem Schiff heimlich Kokain und wollen es unbescholtenen Passagieren unterjubeln." Ihr Mann setzt sich im Bett auf und nickt. „Ja, deshalb habe ich auch Halluzinationen und sehe überall meinen damaligen Vorgesetzten. Oder er ist doch auf dem Schiff und leitet das Drogenkartell?" „Wir gehen auf jeden Fall beim nächsten Zwischenstopp an Land und fahren nach Hause." „Resi, so machen wir es."

Zwei Tage später steuert der Kreuzer einen großen Hafen im Mittelmeer an. Das Ehepaar hat seit dem Vorfall im Restaurant seine Kabine nicht mehr verlassen. Nach dem Anlegen am Pier stolpert es ungestüm und in panischer Eile die Gangway hinunter. Erneut fällt es Sepp schwer, die Kontrolle über den unhandlichen Koffer zu behalten. Als beide fast am Ende des Landungsstegs angekommen sind, dreht sich ein Mann vor ihnen unvermittelt um. Dieser staunt nicht schlecht, als er seinen einstigen Untergebenen erkennt, und ruft ihm zu: „Herr Schmitt, was machen Sie denn hier? Das ist ja ein Zufall, dass Sie auch an Bord sind. Ich dachte immer, Ihr Hobby sei das Beobachten von Schnecken."

Sepp reagiert völlig perplex und lässt dabei versehentlich den Griff des Koffers los. Das Ungetüm auf kleinen Rädern rollt die Gangway hinunter, ein kleines Kind, das sich von der Hand seiner Mutter losreißen will, stupst dagegen, sodass das Gepäckstück direkt auf Herrn Winter zusteuert. Dieser steht bereits am Kai und kann einem Zusammenprall nicht mehr ausweichen. Mit in der Luft rudernden Armen fällt er ins Meer.

Augenblicklich stürzen Rettungskräfte herbei, die den Mann unversehrt aus dem kühlen Nass fischen. Herr Winter schäumt vor Wut. Mehrere Reporter, die dem bekannten und in der Öffentlichkeit als Ausbeuter verschrienen Unternehmer stets auf den Fersen sind, filmen die Szene. Insgeheim jubeln sie vor Glück, denn sie haben bestes Unterhaltungsmaterial für ihre Boulevard-Magazine im Kasten. Als der Filmausschnitt am Abend über die Fernsehkanäle läuft, machen sich in vielen Wohnstuben Schadenfreude und Heiterkeit breit. Sepp erhält sogar zahlreiche Dankesschreiben und Lobeshymnen.

Ein Jahr später befindet sich das bayerische Ehepaar wieder auf Urlaubsreise, wobei Kreuzfahrten für Sepp und Resi tabu sind. Dieses Mal haben sie sich die Malediven als Ziel ausgewählt. Während sie abends auf dem Bett ihres Hotels den wunderbaren Tag am Strand ausklingen lassen, verfolgen sie im Fernsehen die Sendung „Eckstein, Eckstein, der Promi will versteckt sein. Ich komme!" Der erste Beitrag handelt von Herrn Winter, der sich von seinem unfreiwilligen Bad im Meer ein Jahr zuvor bestens erholt hat und nun auf einer Liege unter Palmen den strahlenden Sonnenschein genießt. Die Sprecherin der Reportage kommentiert die Bilder: „Diesen Sommer verbringt der Unternehmer Winter mit seiner Gattin auf den Malediven. Seine Unterkunft ist nun etwas bescheidener als sonst, da seine Geschäfte nicht mehr so gut laufen wie früher."

Sepp und Resi schauen sich entgeistert an. Auf der Mattscheibe ist das Hotel zu sehen, in dem sie ebenfalls nächtigen. Plötzlich bekommen beide einen Lachanfall. „Der verfolgt uns", prustet der Bayer los und haut sich vor Vergnügen auf die Schenkel. „Den besuchen wir morgen am Beach und schenken ihm unseren Koffer", gluckst Resi. „Spatzerl, das ist ein fantastischer Einfall. Und wie schnell du Englisch gelernt hast. Ich bin so stolz auf dich. Ich wäre nie auf die Idee gekommen, dass Beach kein anzügliches Wort ist, sondern ‚Tisch' bedeutet. Angst macht mir auf jeden Fall der Winter nicht mehr, ich bin schließlich schon ein Jahr im Ruhestand. Und nicht er kann mir mehr kündigen, sondern ich habe ihm innerlich gekündigt."

Nun geben sich die beiden noch ein Gute-Nacht-Küsschen und schlafen in trauter Zweisamkeit ein, um am nächsten Tag voller Tatendrang weiter an ihrem neuen Kosmopoliten-Lebensstil zu arbeiten.

DER WOCHENPLAN FÜR RENTNER-GLÜCK
Isabelle Frings

„Resi, Norbert und Gudrun sind da", ruft Sepp vom Flur aus seiner Frau zu, die noch mit dem Eindecken der Kaffeetafel im Wohnzimmer beschäftigt ist. Schnell eilt sie herbei, um das befreundete Ehepaar zu begrüßen.

„Willkommen im Rentnerklub!", sagt sie beschwingt, woraufhin Gudrun pikiert den Mund verzieht.

„Es ist gerade mal eine Woche her, dass wir in den Ruhestand gegangen sind. Wir sind also noch im besten Alter und fühlen uns fit und vital", entgegnet die 66-Jährige.

„Ja, im Vergleich zu uns seid Ihr noch richtig junge Hupfer. Resi und ich werden Ende des Jahres schon 70. Aber jetzt kommt doch erst mal rein in die gute Stube."

***

„Dein Apfelkuchen schmeckt vorzüglich", lobt Norbert wenig später die Backkünste der Gastgeberin.

„Es freut mich sehr, dass er dir schmeckt", erwidert Resi, der ein wenig Schamesröte ins Gesicht steigt, denn sie verschweigt, dass es sich um aufgetaute Ware handelt. Seit sie Rentnerin ist, fehlt ihr einfach die Zeit, sich stundenlang in die Küche zu stellen, um das Essen selbst zuzubereiten. Nach dem Genuss von Kaffee und Kuchen bietet Sepp seinen Gästen Pfirsichlikör an, den alle gerne annehmen. Resi nippt kurz am Glas und kramt einen Block aus der Tasche ihres Dirndls hervor.

„Ihr Lieben" wendet sie sich an Norbert und Gudrun, „Ihr seid hier, weil Ihr von uns wissen wolltet, wie es so ist, wenn man in Rente geht. Wir geben Euch gerne Auskunft, da wir damit nun schon einige Jahre Erfahrung gesammelt haben. Ich habe mir erlaubt, eine To-do- sowie eine No-Go-Liste für Euch zu erstellen, die Ihr Euch Daheim zu Gemüte führen sollt."

Die Bayerin, die sich geschmeichelt fühlt, als Rentenexpertin zurate gezogen worden zu sein, reicht mehrere laminierte Blätter im Kreis der Anwesenden herum. Anschließend fährt sie fort: „Wie Ihr alle wisst, bin ich eine Frau der Tat. So habe ich uns alle für nächste Woche bei verschiedenen Seniorenkursen angemeldet."

„Senioren; das klingt so hart", jammert Gudrun mit weinerlicher Stimme und bittet Sepp, ihr noch ein bisschen Pfirsichlikör nachzuschenken.

„Könnte ich ein Kölsch haben?", erkundigt sich Norbert.

„Freili."

„So, bitte jetzt wieder die Konzentration auf mich richten", fordert Resi mit strengem Blick auf, „denn ich möchte Euch den Plan für die nächste Woche vorstellen. Am Montag nehmen wir an einem Computer-Anfängerkurs teil. Der Dienstag dient der körperlichen Ertüchtigung, weshalb ich uns zur Wassergymnastik angemeldet habe. Am Mittwoch dürft ihr mich zu meinem Englisch-Unterricht begleiten, den ich seit fast vier Jahren besuche. Donnerstags haben wir frei, weil da meine Haushaltshilfe kommt. Am Freitag können wir auch nicht, denn da treffen wir unsere Enkelkinder. Am Samstag steht für uns eine geführte Wanderung auf dem Programm. Und am Sonntag gehen wir zusammen in die Kirche."

„Was war am Mittwoch nochmal? Hicks", will Gudrun wissen.

„Ich glaube, da gehen wir mit der Haushaltshilfe zur Anfänger-Wassergymnastik und lernen währenddessen Englisch", erwidert Norbert, dessen Oberlippe ein Bierschaumbart ziert.

Resi lacht gekünstelt auf. Von ihren Freunden hätte sie sich ein bisschen mehr Ernst bei der Sache gewünscht. „Den Wochenplan habe ich Euch ausgedruckt. Wir treffen uns am Montag um 10.30 Uhr in der Volkshochschule". Mit diesen Worten komplimentiert sie ihre Gäste aus dem Haus.

„Resi, das war eine gute Idee, sie nach Hause zu schicken, denn wir haben schon genug getrunken. Jetzt wird g'suffa." Seine Frau verdreht genervt die Augen und schaltet den Fernseher an.

***

In der Zwischenzeit haben die nach Bayern emigrierten Rheinländer Norbert und Gudrun zu Hause ins Bett gefunden und studieren Resis Empfehlungen, was Rentner unbedingt zu machen und zu unterlassen haben.

„Die drei goldenen To-do-Tipps", liest der Mann vor. „Erstens: Ausmisten der Wohnung und der Gedanken. Gudrun, du kümmerst dich um Ersteres, ich mich um das Zweite."

„Mein Part ist kein Problem, denn wir werden eine Reinigungskraft einstellen. Aber eine Entrümpelung deines eh schon leeren Däts ist ja ein Ding der Unmöglichkeit. Wie lautet der zweite Punkt?"

„Werdet Senioren-Models."

„Was? Sind Resi und Sepp denn Models? Norbert, wir beide sehen doch tausendmal besser aus als die beiden. Was die können, können wir schon lange. Ich werde mich gleich morgen mit einer Agentur in Verbindung setzen. Wäre doch gelacht, wenn wir es nicht in den nächsten Pirelli-Kalender schaffen: du in Lederkluft auf dem Motorrad, ich im Tiger-Bikini in aufreizender Pose hinter dir."

„Roar", imitiert Norbert das Brüllen eines Löwen und trägt weiter vor: „Besucht eine Ernährungsberatung."

Gudrun sieht ihren Mann enttäuscht an. „Besonders toll finde ich Resis Vorschläge jetzt nicht. Was schreibt sie denn zu den No-Gos?"

„Unternehmt keine Kreuzfahrt."

„Wieso das denn nicht? Genau das hatten wir doch vor."

„Wir werden das die beiden fragen."

„Und wovon rät sie uns sonst noch ab?"

„Mehr steht da nicht."

***

Am folgenden Montag finden sich die beiden Rentner-ehepaare pünktlich in Raum 14 der Volkshochschule ein. Eine etwa 30 Jahre alte Dozentin, die sich als Frau Lachnich vorstellt, heißt die insgesamt elf Teilnehmer des Computer-Kurses willkommen.

„Als Erstes müssen Sie den PC hochfahren. Dazu drücken Sie bitte auf den Power-Knopf. Danach geben Sie als Passwort 'Senioren-Kurs' ein und betätigen die Enter-Taste."

Resi und Sepp schauen sich ratlos an.

„Mei, Spatzerl, du hast uns doch damals die Kreuzfahrt übers Internet gebucht. Wieso weißt du denn jetzt nicht, wie man dieses Ding einschaltet?"

„Unsere Enkelin Mara hatte den Computer doch bedient. Ich hatte ihr lediglich gesagt, wie unsere Wünsche aussehen."

Norbert und Gudrun haben unterdessen durch Zufall ihr Gerät ans Laufen gebracht und die Anmeldedaten eingetragen. Nun sind sie allerdings ebenfalls mit ihrem Latein am Ende.

„Hat sie gesagt, wir sollen einen Rentner-Knopf drücken?", raunt die Rheinländerin ihrem Mann ins Ohr.

Er flüstert zurück: „Ich habe Entenkopf in Erinnerung."

„Ententanz wäre mir lieber", kichert seine Gemahlin und flattert mit ihren Ellenbogen in der Luft wie das angesprochene Federvieh.

„Wenn jemand nicht weiterkommt, kann er sich gerne melden", sagt Frau Lachnich, woraufhin sofort elf Arme in die Höhe schnellen. Geduldig gibt die Dozentin eine Schritt-für-Schritt-Anleitung, bis auch der letzte Teilnehmer eingeloggt ist. Wobei zunächst noch eine ältere Dame beruhigt werden muss, die sich aus Angst vor Nagetieren weigert, die PC-Maus anzufassen. Der Herr neben ihr, ein Psychologe mit langjähriger Berufserfahrung, konnte sie jedoch beruhigen.

„Sie sehen jetzt den Desktop vor sich", erläutert die Dozentin. „Sepp, 'Desktop' ist Englisch und heißt Strand", will Resi mit ihren Fremdsprachenkenntnissen vor ihrem Gatten glänzen.

„'Desktop' bedeutet Schreibtisch", erhebt die Kursleiterin ihre Stimme, „den Sie sich bildlich als solchen auf Ihrem Monitor vorstellen müssen. Die verschiedenen Symbole, die Sie dort vorfinden, sind quasi Schubladen, die Sie füllen und leeren können oder in denen bereits Inhalte liegen."

„Ich kann der Frau Lachnich inhaltlich nicht folgen. Außerdem kann sie kein Englisch", notiert Resi auf dem Notizblock, der sich neben ihrem PC befindet. Sie schiebt Sepp die Nachricht zu.

„Hast recht. Strand ist viel logischer. Diese Symbole erinnern doch eher an Handtücher als an Schubladen", schreibt er zurück.

Für die Dozentin verfliegen die 90 Minuten Kursdauer wie im Fluge. Ständig flitzt sie zwischen den Teilnehmern hin und her, erklärt ausführlich, rauft sich beim Blick über Sepps Schulter die Haare und zeigt sich dennoch bemüht, die Contenance zu wahren, – bis sich Resi mit erhobenem Zeigefinger meldet.

„Bei meinem Computer gehen dauernd neue Bilder auf. Abgesehen davon bewegt sich der Zeiger auf meinem Bildschirm ganz von alleine. Ich habe extra die Maus zehn

Minuten lang nicht berührt. Aber es ist nicht besser geworden." Frau Lachnich stürzt zu ihr, aber sie kann den Hackerangriff auf Resis PC nicht mehr abwenden.

„Um Himmels willen!", schreit die Dozentin, als sie sieht, wie sich der Server der Volkshochschule öffnet und die Bankkontoverbindungen der Mitarbeiter sichtbar werden. „Unsere Unterrichtseinheit ist augenblicklich beendet. Ich kümmere mich um Ihr Computer-Problem, Frau Schmitt. Gehen Sie, schnell!", zischt sie Resi an.
***

Am nächsten Tag steht für die beiden Ehepaare Wassergymnastik auf dem Programm.

„Puh, ist das kalt", meint Gudrun, als sie ihre große Zehe ins Nass des Bassins eintaucht. Mit Verspätung treffen Sepp und Resi ein. Beide tragen Schwimmflügel, weshalb Norbert vor Lachen nicht an sich halten kann.

„Können Sie nicht schwimmen?", ruft ihnen vom Beckenrand die Trainerin Franziska zu. „Doch, schon", antwortet Sepp, „aber unsere Enkelin Mara bestand darauf, dass wir die Flügel anziehen, damit wir nicht untergehen, falls wir beim Sport einen Herzinfarkt erleiden."

Gudrun gibt sich bei den Übungen im Wasser besonders viel Mühe, eine gute Figur abzugeben. Im Unterschied zu ihr wirken Norbert und Sepp wie kugelrunde Bojen, die mit Armen und Beinen ausgestattet sind und auf der Meeresoberfläche hin und her schwanken. Die 1,58 Meter große Resi hat unterdessen mit dem Wassertreten zu kämpfen. Ständig spritzen ihr chlorhaltige Tropfen in Mund und Augen.

„Resi, hör auf, wie eine Kaulquappe kurz vorm Ertrinken herumzuzappeln. Mach es wie Norbert und ich. Einfach den Kopf auf dem Beckenrand ablegen und 'toter Mann' spielen."

„Gute Idee", entgegnet seine Gemahlin erleichtert.

***

Mittlerweile ist schon Mittwoch. Gebannt starren Sepp, Norbert und Gudrun zu Resi hinüber, für die der Englisch-Kurs mittlerweile Routine ist.

„Hello", räuspert sich die Bajuwarin, die der Gruppe Sprachinteressierter ihren Mann und ihre Freunde vorstellen möchte, „I want to see you my husband and friends. Please, Sepp, tell them your name."

„Was soll ich? Sagen, wie ich heiße? Das hast du doch gerade getan."

Der Englischlehrer, Mister Heather, lächelt die Neuzugänge freundlich an und bittet sie, sich in ganzen Sätzen den Anwesenden bekannt zu machen: „Please say, my name is Sepp."

„Sie heißen auch Sepp?", wundert sich der Angesprochene.

„My name is Gudrun", tut sich daraufhin Norberts Frau als äußerst lernfähig hervor.

Mister Heather klatscht begeistert in die Hände. „Great, you are welcome, Gudrun. And what ist your name?"

„Ich bin der Norbert, äh, name is Norbert."

„That's wonderful. Now we read chapter nine in our book. Resi, please translate the story 'This is a bank robbery'."

„Gerne." Die Frau im Dirndl steht auf und übersetzt mit konzentriertem Gesichtsausdruck: „Dies ist eine Bank-robbe. Seit Wochen plant Bob am Schreibtisch einen Strand. Um sich zu entspannen, geht er in eine Bar und bestellt 'Sex auf dem Tisch'."

„Resi, that is wrong. Can someone help her?", fährt der Lehrer dazwischen.

Eine Dame mit Brille auf ihrer spitzen Nase meldet sich und korrigiert: „Dies ist ein Banküberfall. Seit Wochen denkt Bob darüber nach, wie er vom Desktop seines PCs aus, den Server der Volkshochschule knacken kann. Um seinen Kopf freizubekommen, bestellt er in einer Bar den Cocktail 'Sex auf dem Strand'."
„Thank you, Miss Sofie. We see us next week. Our lesson is finished now."
***

Am Samstag ist herrlichstes Sommerwetter. Gut gelaunt findet sich der Vierer-Trupp am Chinesischen Turm im Englischen Garten ein. Gudrun und Norbert sind für die geplante Wanderung bestens ausgestattet. Sie haben sich extra neue Trekkingschuhe und einen großen Rucksack gekauft.
„Für heute habe ich mir einen besonderen Ausflug ausgedacht. Schaut, da hinten steht schon unser Guide, der unsere Biergarten-Wandertour leiten wird", weiht Resi die Umstehenden in die Tagesplanung ein. Sepp strahlt seine Frau freudig an und ermuntert die anderen hoch motiviert: „Auf geht's!"

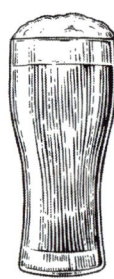

Gegen 18 Uhr sitzen die Rentner unter schattenspendenden Kastanienbäumen in einem Wirtshaus am Bavariapark. Ihr Tourenführer verabschiedet sich und wünscht einen schönen Abend. „Den werden wir haben", verspricht Gudrun, die mit beiden Händen ihr Maß hochhebt. „Wie fandet Ihr unsere Woche?" Resi wirft den beiden Rheinländern einen fragenden Blick zu.

„Interessant", erwidert Norbert mit wenig Enthusiasmus.

„Nur interessant? Hat es Euch nicht gefallen?", hakt die Bayerin nach.

„Das habe ich doch gar nicht gesagt." Der Kölner verschränkt die Arme vor der Brust.

„Norbert, in der Haltung kannst du nicht trinken", macht ihn Sepp darauf aufmerksam, dass sie sich in einem Biergarten befinden. Gudrun schweigt unterdessen, weshalb Resi allmählich die Vermutung anstellt, dass das befreundete Ehepaar sich nicht traut, ihr die Wahrheit zu sagen.

„Norbert, Gudrun, Ihr seid meine Herzensmenschen. Nun raus mit der Sprache. Was hat Euch gestört?", drängelt sie. Gudrun nimmt ihren ganzen Mut zusammen und sagt ihrer Freundin direkt ins Gesicht: „Entschuldige bitte, aber das, was wir in diesen Kursen mit Euch erlebt haben, war unter unserem Niveau."

Es herrscht einen Moment eisige Betretenheit. Resi schielt zu ihrem Mann. Ihre Lippen sind zu einem dünnen Strich zusammengezogen, auf ihrer Stirn bildet sich eine Zornesfalte. Norbert hält sich die blau-weiß karierte Serviette vors Gesicht und geht in Deckung. Sepp knallt seinen Humpen auf den Holztisch. Resi giftet ihre beste Freundin an: „Ach, ja? Gudrun, du weißt doch noch nicht mal, wie man das Wort Niveau schreibt."

„N-i-w-o", gibt diese mit zittriger Stimme zur Antwort.

Sepp bricht in schallendes Gelächter aus. „Die Frau Neunmalklug weiß noch nicht mal, dass 'Niwo' mit 'ie' geschrieben wird. Darauf bestellen wir noch eine Runde." Resi hat es jedoch die gute Laune verhagelt. Sie möchte nach Hause.

Daheim beklagt sie sich bei ihrem Mann über das undankbare, arrogante Pack aus Übersee. „Gudrun wollte im Computerkurs am liebsten einen Ententanz aufführen. Und Norbert hat in der Englischstunde nur herumgestammelt", mault sie.

***

Die Kirchenglocken läuten, als am Sonntag die befreundeten, wenngleich zurzeit nicht gut aufeinander zu sprechenden Paare wie vereinbart am Gottesdienst teilnehmen. Der Pfarrer bittet die Andächtigen, ihre dringlichsten Wünsche im stillen Gebet an Gott zu richten. Norbert fällt nichts ein. Gudrun flüstert in sich hinein: „Als Nächstes möchte ich eine Kreuzfahrt machen." Sepp bekreuzigt sich und sehnt sich mal wieder danach, dass es Bier regnen möge. Resi umklammert ihren Rosenkranz und spricht leise das Vaterunser: „Herrgott noch mal im Himmel, vergib uns unsere Schuld und übernimm unsere Schulden."

Nach der Messe steht das Quartett verlegen auf dem Kirchhof zusammen. „Wollen wir noch zu einem Frühschoppen?", schlägt Sepp vor. Die anderen zögern zunächst, stimmen dann doch zu. Als die ersten vier Weizen und die Teller mit den Weißwürsten auf dem Tisch des Wirtshauses „Zur seligen Post" stehen, scheint sich die Atmosphäre zwischen den Paaren langsam zu entspannen. Während Sepp und Norbert laut „Ein Prosit" singen, lächeln sich Gudrun und Resi verstohlen an. „Na, so net!"

entfährt es auf einmal der Bayerin, als sie sieht, wie ihre Freundin mit Gabel und Messer der Weißwurst zu Leibe rücken will.

„Die musst zuzeln! Oder ist das auch unter deinem Niveau?"

„Wenn ich nur wüsste, was 'zuzeln' bedeutet, könnte ich dir die Frage beantworten."

„Du saugst die Wurst aus der Pelle wie ein Baby die Milch aus der Mutterbrust."

„Unter meinem Niveau ist das jedenfalls nicht", stellt Norbert für sich fest und gibt seiner Frau einen sanften Rippenstoß. „Nun gib dir einen Ruck und sag es ihnen", ermuntert er sie.

Gudrun nickt, setzt sich aufrecht hin und klopft mit dem Messer an den Bierkrug, um ihre Ansprache anzukündigen: „Liebe Resi, lieber Sepp, ich möchte mich bei Euch entschuldigen. Ich war gemein und überheblich. In Wahrheit fand ich unsere Woche sehr schön, aber zu anstrengend für mich. Es stand einfach zu viel auf dem Programm. Und ich wollte mir selbst und auch Euch gegenüber nicht eingestehen, dass ich nicht mehr die Jüngste bin und nicht mehr alles in demselben Tempo wie früher schaffe. Resi, ich danke dir, dass du dir so viel Mühe gegeben hast. Ich bin sehr froh darüber, dass Ihr beiden mir die Augen geöffnet habt. Mir ist klar geworden, dass eine realistische Selbstreflexion einen weiter nach vorne bringt, als wenn man sich etwas vormacht."

Resi ist gerührt. Mit Tränen in den Augen legt sie den Arm um die Schulter ihrer Freundin. „Gudrun, man ist so alt, wie man sich fühlt. Und du bist noch ganz jung im Herzen. Das weiß ich."

„Dann können Norbert und ich vielleicht doch eine Kreuzfahrt machen?"

„Das ist doch keine Altersfrage", gibt Sepp seinen Kommentar ab, „das hängt vielmehr davon ab, wer alles mit an Bord ist. Ein unliebsamer ehemaliger Vorgesetzter beispielsweise verdirbt einem eine solche Reise, wenn man gerade in den Ruhestand gegangen ist."

„Aber Ihr wisst doch, dass wir mit unserem Handwerksbetrieb unser eigener Chef waren."

„Im Eifer meines Gefechts hatte ich bei meiner ganzen Listen-Erstellerei gar nicht daran gedacht", bittet Resi um Nachsicht.

***

So liegen sich um 12 Uhr mittags die vier Rentner bei bayrischer Blasmusik schunkelnd in den Armen, als unverhofft Frau Lachnich, Mister Heather und Schwimmtrainerin Franziska, die alle Mitarbeiter der Volkshochschule sind, die Wirtsstube betreten. Sie winken den beiden Ehepaaren zu und fragen, ob sie sich zu ihnen gesellen dürfen.

„Sehr gerne", freut sich Resi über die bekannten Gesichter.

„Ich muss mich bei Ihnen bedanken", sagt Frau Lachnich zu ihr.

„Wofür?"

„Mit dem Hackerangriff auf Ihren PC, den wir doch noch abwehren konnten, haben Sie dafür gesorgt, dass unsere IT das Antivirus-Programm in unserem Haus auf den neuesten Stand gebracht hat."

„Liebe Resi, I want to thank you, too. Mit Ihrer Hilfe konnten wir Fehler in unseren Übersetzungsbüchern finden und korrigieren", schließt sich der Englischlehrer den wohlwollenden Worten von Frau Lachnich an.

„Und von mir gibt es ein 'Vergelt's Gott' für Euch beide, Resi und Sepp. Ihr habt uns dazu gebracht, das Sicherheitskonzept in unserem Hallenbad zu überarbeiten. Seitdem ist das Tragen von Schwimmflügeln verpflichtend für alle Gäste."

Am Abend schmiegen sich die beiden Bayer auf dem Sofa dicht aneinander. „Sepp, da haben wir doch viel Gutes bewirkt."

„Freili. Magst noch mehr Gutes tun?"

„Aber ja."

„Dann hol mir ein Bier aus dem Kühlschrank."

MELVIN DER WASSERFLOH
Rita Feller

Kennen Sie diese Momente im Leben, in denen Sie sich zurücklehnen und sich bedeutsame Fragen stellen: Bin ich glücklich und zufrieden? An welchem Punkt in meinem Dasein stehe ich? Solch einen Augenblick erlebte ich vor einigen Monaten, als ich das Schreiben erhielt, indem mir mein Rentenbeginn mitgeteilt wurde. Mein letzter Tag im Berufsleben stand also endgültig fest, und das löste in mir ein ziemliches Kribbeln aus. So ähnlich wie früher nach dem Lutschen von Brausepulver – nur in mulmig.

Zu meiner Arbeit in der Apotheke war ich stets gerne gegangen. Der Kontakt mit den Kunden machte mir Spaß. Auch noch, als vor ein paar Jahren eine neue Eigentümerin die Apotheke übernommen und – jung und dynamisch – vieles, auch altbewährte Routinen umgekrempelt hatte.

Okay, nun würde bei mir eben ein neuer Lebensabschnitt beginnen. Ach, wo war überhaupt die Zeit geblieben? Wieder schweiften meine Gedanken zum Brausepulver: Ich sah mich als Kind auf der Schaukel sitzen, den Zeigefinger in die Tüte eintauchen und selbstvergessen das Pulver ablecken. Viele Jahre gelebtes Leben lagen zwischen damals und heute.

Ja, all diese Gedanken wirbelten mir durch den Kopf, als ich besagtes Schreiben in der Hand hielt. Zahlreiche Gedanken und jene Frage, ob ich glückliche Jahre erlebt hatte. Mir fiel dieser freche Spruch auf einem Schild ein, über den ich mich einmal so herrlich amüsiert hatte: „Glück ist wie Pupsen, wenn man es erzwingen will, wird es zu Kot". Na ja, um ehrlich zu sein, hatte da ein Wort mit „Sch" gestanden, aber das möchte ich an dieser Stelle nicht anbringen...

Mir gefiel der Spruch. Auch ich hatte mein Glück nie erzwungen. Es war von alleine zu mir gekommen. Meine Ehe mit Hans war harmonisch gewesen. Wir hatten einen wunderbaren Sohn großgezogen und viel zusammen erlebt. Doch zu Höhen gehörten auch Tiefen, und die hatte ich nach dem viel zu frühen Tod meines Mannes erlebt. Neuen Lebensmut hatte ich wieder gefasst, nachdem vor sechs Jahren mein Enkel Melvin geboren wurde. Ich platzte geradezu vor Stolz über den hübschen kleinen Jungen.

Wenn ich mich mit meiner Freundin Annemarie traf, konnte ich es mir nie verkneifen, ihr auf meinem Smartphone die neuesten Fotos des zauberhaften Kerlchens zu zeigen.

„Wiebke", meinte sie, „du wirst doch wohl nicht zu einer Strümpfe strickenden, tüdeligen Oma?"

Meine Freundin war eine liebenswerte Zynikerin, die als kinderlose, vermögende Witwe so lebte, wie es ihr gefiel und zu ihrer Persönlichkeit stand. Zu der gehörten auch ihre Rundungen, die sie nicht im Mindesten störten. Als meine jung-dynamische Chefin in der Apotheke Annemarie einmal auf das Thema Ernährungsumstellung ansprach, erklärte sie mit todernster Miene: „Kein Problem, dann stelle ich meinen Kuchenteller von der rechten Tischhälfte auf die linke."

Den Lachanfall, der mich dabei hinter dem Apothekentresen schüttelte, nimmt meine Chefin mir noch heute übel...

Ja, mit Annemarie hatte ich viel Spaß. Doch sie konnte auch ernst sein und war immer für mich da. Mit meiner Freundin hatte ich natürlich über meine zwiespältigen Gefühle angesichts des bevorstehenden Renteneintritts gesprochen.

„Wiebke, du wirst es genießen, wenn dein Wochenende

schon am Montag beginnt", war ihr unbekümmerter Kommentar. „Außerdem hast du endlich unbegrenzt Zeit, um mit deinem Lausebengel von Enkel zu toben."

Damit traf Annemarie den Nagel auf den Kopf. Zu meinem Bedauern lebte mein Sohn Ben mit seiner Frau Marie in einer mehr als hundert Kilometer entfernten Stadt, sodass ich die kleine Familie viel zu selten zu Gesicht bekam. Ben hatte mich bereits eingeladen, nach meinem Rentenbeginn ein paar Wochen bei ihnen zu verbringen.

Ja, und dann war es so weit. Mein letzter Arbeitstag stand an. Die Reden, Geschenke und Umarmungen überstand ich mit Würde und Haltung. Erst am Abend zu Hause erlaubte ich mir, ein paar Tränen zu vergießen. Als ich in einer melancholischen Stimmung zu versinken drohte, klingelte es an der Tür. Davor stand Annemarie mit einer Flasche Wein und einem breiten Grinsen. Wie dankbar war ich über so eine Freundin! Sie spürte meine Gefühle, nahm mich fest in den Arm und drückte mich an ihren mächtigen Busen. Wir verbrachten einen höchst vergnüglichen Abend, in dessen Verlauf wir auch meinen Weinvorrat deutlich minderten. Am Ende wankte ich auf unsicheren Beinen in mein Bett – und war froh, am nächsten Morgen nicht früh aufstehen zu müssen!

Ein paar Tage später machte ich mich ans Packen für den Aufenthalt bei meiner Familie. Ach, wie schön es war, so warmherzig von ihnen begrüßt zu werden! Und Melvin, inzwischen ein kecker Erstklässler, schien mich gar nicht mehr loslassen zu wollen.

Nun denken Sie vielleicht, ich wäre eine von diesen nervigen Großmüttern, die sich ständig einmischen. Die genau wissen, wie der Haushalt zu führen und das Kind zu erziehen ist – und dass Omis alles Recht der Welt hätten, den Enkel hemmungslos mit Schokolade zu verwöhnen.

Nein, so war ich nicht. Na ja, oder höchstens ein ganz kleines bisschen, denn wenn Melvin den Wunsch nach Schokolade äußerte, konnte ich dem kleinen Racker das einfach nicht verwehren.

Ben und Marie, die übrigens die netteste Schwiegertochter war, die ich mir wünschen konnte, hießen mich herzlich willkommen und hatten mich ehrlich gerne in ihrem großen Haus. Was natürlich auch daran lag, dass sie beide beruflich sehr eingespannt und froh über jede Unterstützung waren. Diskret hielt ich vormittags den Haushalt sauber und verbrachte fröhliche Nachmittage mit meinem Enkel.

Ausgenommen waren Dienstag und Donnerstag, denn das waren seine Schwimmtage. Melvin war ein echter Wasserfloh, konnte bereits mit vier Jahren schwimmen und zeigte sich als großes sportliches Talent. Die Fahrdienste zum Schwimmverein übernahmen Ben oder Marie, denn Schwimmbäder waren mir zutiefst suspekt. Ich hatte nie schwimmen gelernt und seit einem traumatischen Ereignis in meiner Kindheit war ich bei allem, was mit Wasser zu tun hatte, von Panik besessen. Damals hatte ein kräftiger Nachbarsjunge mich in den See geschubst, an dem wir Kinder uns im Sommer immer trafen. Irgendwie war ich prustend wieder ans Ufer gekommen, aber die damals feste, grausige Gewissheit, gleich zu ertrinken, ist mir noch heute präsent.

Ben wusste um meine ausgeprägte Wasserangst. Daher wäre er nicht auf die Idee gekommen, dass ich Melvin zum Schwimmen fahren sollte. Zumal die teilnehmenden Eltern – und teilweise auch Großeltern – gerne mit ins Wasser gingen. Es war dann Marie, die mich bat, den Jungen am nächsten Donnerstag zum Schwimmen zu begleiten.

„Ich bin in der Firma in ein dringendes Projekt einge-bun-den, es würde mir sehr helfen, Wiebke. Natürlich musst du nicht mit ins Becken", versicherte sie.

Als mein Enkel das hörte, johlte er auf. „Doch Oma, bitte, komm mit ins Wasser!" Er schlang die Ärmchen um mich und schenkte mir einen süß bittenden Blick.

Dem hätte ich niemals widerstehen können, doch dieses Mal spürte ich, wie sich alles in mir verkrampfte. Unwillig schüttelte ich den kleinen Jungen von mir ab – etwas, das ich noch nie getan hatte.

„Nein, Melvin. Nein!" Ich erschrak selbst darüber, wie schrill meine Stimme klang. Verstört sah mich mein Enkel an, in seinen großen Kinderaugen las ich pure Enttäu-schung.

„Ich will dir doch zeigen, wie schnell ich schwimmen kann", sagte er traurig. „Warum kommst du nicht mit mir ins Wasser?"

„Weil..." rang ich um Worte, „weil... ach, dazu bin ich doch viel zu alt, Melvin" war das Einzige, das mir einfiel. Sofort kam ich mir wegen dieser Ausrede blöd vor. Okay, ich war Rentnerin, – aber ich war unternehmungslustig und fühlte mich eigentlich für keine Aktivität „zu alt".

Aber offenbar schluckte Melvin diese Erklärung. Mehr noch, – er fühlte sich anscheinend berufen, sie fleißig zu verbreiten. Denn als ich ihn am Donnerstag ins Schwimmbad fuhr und wir in der Kabine auf die anderen Kinder im Verein trafen, stellte er mich lautstark vor: „Das ist meine Oma. Sie kommt aber nicht mit ins Wasser, dafür ist sie zu alt!" krähte er. In peinlichem Entsetzen beugte ich mich tief über seine Trainingstasche und nestelte darin nach seiner Badehose. Dass er bei jedem Neuankömmling seine wenig schmeichelhafte Vorstellung wiederholte, verbesserte meine Laune nicht gerade.

Puh, wie froh war ich, wieder an die Luft zu kommen. Von draußen beobachtete ich das Training durch die großen Scheiben. Tatsächlich nutzten die Erwachsenen die Zeit, um selbst einige Runden zu drehen und anschließend mit den Kindern durchs Wasser zu tollen. Mein geliebter kleiner Enkel war ein echter Wasserfloh und sehr geschickt beim Schwimmen. Ja, dieser Sport würde sein Leben gewiss noch eine lange Zeit begleiten. Wie gerne würde ich daran teilhaben! Aber wenn ich mich an jenen lange vergangenen Moment erinnerte, als ich in den Tiefen des Sees versank und in Todesangst glaubte, ertrinken zu müssen... Nein, ich konnte nicht mit ihm ins Wasser!

Als ich Melvin in der Kabine wieder in Empfang nahm, sprang er mir strahlend entgegen, schmiegte sich an mich und durchnässte unbekümmert mit seinem patschnassen Körperchen mein T-Shirt.

„Es war so toll, Oma!" rief er aus. „Schade, dass du zum Schwimmen zu alt bist!"

Herrje, musste dieses Kind so eine laute Stimme haben? Ich bemühte mich, das amüsierte Raunen und Gekicher um mich herum zu ignorieren. Dann beeilte ich mich, mit Melvin wieder nach Hause zu kommen.

Ben und Marie erwarteten uns bereits in der Tür. „Hat alles gut geklappt mit Oma?" erkundigten sie sich.

„Klar", meinte Melvin lässig. „Es war cool", brachte er sein neues Lieblingswort an, „auch wenn Oma zum Schwimmen zu alt ist."

Innerlich stieß ich ein Grummeln aus; nun war es aber wirklich mal gut! Ich fühlte mich keineswegs besser, als ich die Blicke meines Sohnes und seiner Frau bemerkte. Sie schauten sich an und konnten sich offenbar nur mit viel Mühe davor bewahren, laut loszuprusten.

Und ich? Kurz überlegte ich, ob ich mich beleidigt ins Gästezimmer zurückziehen sollte. Doch irgendwie steckte mich die allgemeine Heiterkeit dann doch an, auch wenn ich das Ziel davon war. Ich stimmte in das Lachen mit ein, und so wurde es wieder ein schöner Abend mit meinen Lieben. An dem ich froh war, dass niemand mich mehr für irgendetwas als „zu alt" bezeichnete!

Eine Woche blieb ich noch bei meiner Familie. Sie werden sich nun fragen, ob ich Melvin nochmals zum Schwimmen fuhr? Nein, dieser Kelch ging zum Glück an mir vorüber. Das erledigten von nun an Ben oder Marie.

Sohn, Schwiegertochter und Enkel verabschiedeten mich herzlich und baten mich, bald wiederzukommen. Es war ein schönes Gefühl zu wissen, dass sie diesen Vorschlag ehrlich meinten. Entspannt stieg ich in den Zug, genoss die Fahrt. Ich merkte, dass etwas tief in mir nagte. Es war ein unterschwellig störendes Gefühl, so wie ein winziges Steinchen im Schuh, das einen immerzu ärgert. Ich wollte es zunächst nicht wahrhaben, doch dann verschloss ich nicht mehr die Augen davor: Es machte mich einfach total traurig, dass ich niemals mit meinem Enkel schwimmen gehen und ausgelassen mit ihm durch das Wasser toben würde. Ich würde nicht etwas mit ihm teilen, was ihm so wichtig war.

Wieder zu Hause, saß ich zunächst eine Weile still auf meinem kleinen Balkon. Nun war ich Rentnerin und konnte mir den Tag einteilen, wie ich es wollte. Zunächst einmal wollte ich meine Wohnung auf Vordermann bringen. Meine Freundin Annemarie würde sagen: Wer aufräumt, ist zu faul zum Suchen.

Annemarie, irgendwie fehlte sie mir. Als hätte sie das gespürt, klingelte sie in diesem Moment an meiner Tür. Diesmal hatte sie keinen Wein dabei, dafür eine köstlich aussehende Sahnetorte. Ich freute mich, sie zu sehen. Die Torte jedoch schaute ich entgeistert an.

„Wer soll das denn alles essen?" fragte ich sie ratlos.

Meine Freundin zeigte ihr schelmisches Grinsen. „Wir natürlich, Wiebke. Kuchen hat nur wenig Vitamine, darum muss man sehr viel davon essen", meinte sie und kam majestätisch hereinstolziert.

Ich kochte Kaffee und wir verbrachten einen vergnüglichen Nachmittag. Ich erzählte ihr viel von meinen Erlebnissen bei Ben, Marie und Melvin.

Irgendwann schaute Annemarie mich durchdringend an.

„Es ist etwas passiert, was dir auf der Seele brennt, Wiebke", stellte sie auf ihre direkte Art fest.

Diese Frau schien mir manchmal unheimlich; war mein Kopf für sie ein gläserner Kasten, in dem sie mühelos meine Gedanken lesen konnte?

Ich seufzte tief. „Melvin ist ein echtes Schwimmtalent", sagte ich und begann dann etwas stockend von unserem Ausflug ins Schwimmbad zu erzählen. Als ich an die Stelle kam, an der Melvin mich allen Teilnehmern als „zu alt" vorstellte, brach sie in lautstarkes Lachen aus.

„Hach, ich liebe die Ehrlichkeit von Kindern!" stieß sie prustend hervor.

Mit finsterer Miene sah ich sie an. „Natürlich", brummelte ich, „weil du genauso eine taktlose unverblümte Art an dir hast."

Annemarie schien meine grummelige Bemerkung als Kompliment aufzufassen. Sie strahlte mich an und angelte vergnügt nach dem nächsten Stück Torte. Nachdem ich mit meiner Geschichte geendet hatte, schob sie den Kuchenteller beiseite und blickte mir eindringlich in die Augen.

„Es ist doch völlig klar, was du tun musst", erklärte sie.

Mein Gesicht war ein einziges Fragezeichen.

In aller Seelenruhe nahm Annemarie ihren Teller zurück und schaufelte sich genießerisch einen Bissen Torte in den Mund. „Du musst schwimmen lernen".

Entgeistert starrte ich sie an. Dann war ich es, die in Lachen ausbrach. Es war ein bitteres, ungläubiges Lachen. „Natürlich", sagte ich sarkastisch, „ich plansche zwischen Fünfjährigen durch das Becken und mache mein Seepferdchen!"

Meine Freundin schüttelte den Kopf. „Unsinn, es gibt spezielle Schwimmkurse für Erwachsene."

Ungläubig schüttelte ich den Kopf. „Woher willst du das

denn wissen?"

„Allgemeinbildung", war die lapidare Antwort. Schon zückte Annemarie ihr Handy. So behäbig und gemütlich sie sich ansonsten zeigte, mit dem Smartphone war sie stets fix zur Hand. Tja, und schon präsentierte sie mir mehrere Schwimmkurse in unserer Stadt, die für mich infrage kämen.

Immer noch wollte ich nichts davon wissen. Die Erinnerungen kamen hoch an jenen Tag, als ich in den See gestoßen wurde, die Wassermassen über mir zusammenbrachen und ich glaubte, gleich zu ertrinken.

„Wiebke", meine Freundin legte ihre Hand auf meine. „In so einem Kurs wirst du ganz spielerisch ans Wasser herangeführt."

So war sie, meine wunderbare Freundin: In den entscheidenden Momenten konnte sie feinfühlig und empathisch sein – und wusste auf jedes Problem eine Lösung. Aber war es die Lösung, die ich brauchte? Würde ich in meinem Alter den Mut aufbringen, schwimmen zu lernen?

„Wie wäre es, Annemarie, wenn wir den Kurs zusammen machen?" fragte ich.

Meine Freundin brach in unbändiges Lachen aus. „Herzchen, nein, mir würden sie statt des Seepferdchens ein Abzeichen als Seekuh verleihen!"

Ich schaute sie an – und plötzlich konnte ich nicht anders, als gemeinsam mit ihr zu lachen.

Nun möchten Sie wissen, ob ich es wagen werde, buchstäblich „ins kalte Wasser zu springen"? Ja, ich habe mich bereits bei einem Schwimmkurs für Senioren angemeldet! Senioren, puh, was für ein Wort. Aber daran muss ich mich als Rentnerin wohl gewöhnen. Nächste Woche Montag geht es los mit dem Kurs. Wissen Sie was: Ich freue mich wahnsinnig darauf! Klar bin ich rasend nervös. Aber dann denke ich an den nächsten Besuch bei meiner Familie. Und daran, wie ich ganz locker mit Melvin zusammen ins Wasser steige. Dem kleinen Racker werde ich es zeigen – von wegen, Oma ist zu alt!

EHEPAAR WOHL AUF ABWEGEN
Matthias Belt

Herr und Frau Wohl betraten das oberste Deck der Fähre genau in dem Moment, als ein ohrenbetäubendes Dröhnen ertönte und ein Schwarm Möwen kreischend in die Luft aufstieg. Das Schiffshorn tutete noch ein zweites und ein drittes Mal, Möwenflügel flatterten hektisch, dann kehrte Stille ein und die Luft füllte sich erneut mit einem Gemisch aus Fahrtwind, Meeressalz und wabernden Dämpfen aus der Kantine.

Synchron bewegten sich Herr und Frau Wohl über den blau lackierten Metallboden auf die Reling zu. Das Wasser in den frischen Regenpfützen zwischen Schiffswand und Picknicktischen stand seltsam still, während die Fähre an Fahrt aufnahm und sich immer weiter von der deutschen Küste entfernte.

„Wir lassen das deutsche Festland hinter uns", sagte Frau Wohl, um die Stille zu durchbrechen. Mit hochgezogenen Augenbrauen sah Herr Wohl sie an.

„Ich glaube ja nicht, dass man Fehmarn als deutsches Festland bezeichnen kann."

„Ich meinte nur, ist es nicht symbolisch, dass wir Deutschland so hinter uns lassen?"

„Wieso?"

Schwer atmend wandte Herr Wohl sich ab, steckte die Hände in die Hosentaschen und drehte der Reling den Rücken zu. Frau Wohl erhaschte noch einen letzten Blick auf Fähranleger, Sandstrand und grüne Inselwiesen, dann folgte sie ihrem Mann zurück in den überfüllten Schiffsbauch.

Die Einreise nach Dänemark zog sich in die Länge. Seit zwanzig Minuten hatte der silberne Camper die Fähre verlassen und stand nun in einer schier endlosen Schlange vor den Toren Dänemarks. Als er langsam Meter für Meter das Hafengelände durchquerte, stellten sich besagte Tore als zwei flache, lang gestreckte Polizeibaracken heraus, vor denen uniformierte Dänen mit geduldigem Lächeln auf den Lippen die Insassen von Lkws, Autos und Wohnwagen in ihrem Land willkommen hießen.

Als Herr Wohl den Camper endlich neben dem linken der zwei Polizeihäuschen anhielt, kurbelte er mit grimmiger Miene das Fenster herunter.

„Deutsch?", fragte ein junger Mann mit kurzen, blonden Haaren und kreisrunden Brillengläsern freundlich. Er trat an ihren Wagen heran. Frau Wohl nickte, während Herr Wohl etwas Unverständliches grummelte.

„Wo fahren Sie hin?", fragte der Polizist mit anhaltendem Lächeln.

„In den Urlaub", antwortete Herr Wohl nun etwas deutlicher, aber immer noch im selben Tonfall. Frau Wohl beugte sich vor.

„Wir sind in Rente", korrigierte sie ihn. „Und fahren nach Schweden."

„Ach so", antwortete der blonde, junge Mann, lächelte noch breiter, trat einen Schritt zurück und winkte sie samt dem Camper durch. „Dann gute Fahrt. Und schönen Urlaub!"

Die Brücke über den Öresund überquerten Herr und Frau Wohl in beidseitigem Schweigen. Unaufhaltsam näherten sie sich der schwedischen Landmasse, die unter schweren Regenwolken vor ihrer Frontscheibe aufragte. Frau Wohl umklammerte mit beiden Händen fest ihr kleines rotes Notizbüchlein. Darin stand, detailliert ausgearbeitet und mit zahlreichen Alternativen für schlechtes Wetter, der vierzehntägige Reiseplan für ihren Schwedentrip.

Die Badeinsel Öland war ihr Ziel. Dort hatte Frau Wohl bereits Monate zuvor einen Stellplatz in den Dünen reserviert. Auf dem Weg dorthin wollten sie die kulturell bunt gemischte Stadt Malmö, das historische Småland-Museum in Växjö und den ersten IKEA der Welt in Älmhult besuchen.

Das heißt, Frau Wohl wollte all das. Herr Wohl hatte, ohne viele Worte, seinen Koffer gepackt und den Van abgeholt, den ihnen ihre beiden Kinder zur Feier ihres Eintritts in die Rente gemietet hatten. „Jetzt habt ihr endlich Zeit, euch in Ruhe die Welt anzusehen", hatten sie gesagt und ihnen strahlend hinterher gewinkt, während Herr und Frau Wohl in einstimmig schlechter Laune aus der Einfahrt gefahren waren.

„Auch, wenn wir nur für vierzehn Tage nach Schweden fahren, ist es kein Urlaub", brach Frau Wohl erneut das Schweigen. „Wir sind jetzt in Rente, da hat man keinen Urlaub mehr."

„Ich weiß das", antwortete Herr Wohl knapp. „Du hast uns doch einen Urlaubsplan geschrieben, Zeitpläne gemacht und schon vorher alle Unterkünfte gebucht."

Die Knöchel an ihren Fingern traten weiß hervor, als sie ihr Notizbuch noch fester umklammerte. „Das ist ein Reiseplan", sagte sie gereizt. „Damit wir alles schaffen, bis –"

Sie biss sich auf die Lippe. „Bis wir den Wagen wieder abgeben müssen."

Statt zu antworten, trat Herr Wohl aufs Gas und überholte den klapprigen alten Volvo vor ihnen. Aus dem Augenwinkel sah Frau Wohl gerade noch, wie das große blaue Schild mit der Aufschrift „Sverige" an ihnen vorbeizog.

Malmö stellte sich als wuselige und seltsam kleine Großstadt heraus, in der sich historische Gebäude mit Mühe zwischen Wohngebiete und bunte Einkaufszentren zwängten. Herr und Frau Wohl hatten eine Nacht und einen Tag dort verbracht und sich dann weiterhin schweigend auf den Weg nach Norden gemacht.

Die landwirtschaftlichen Flächen Schonens zogen an den Seitenfenstern vorbei und Frau Wohl fragte sich, wo das wilde Schweden war, von dem sie in ihrer Jugend geträumt hatte. Wo waren die kleinen roten Holzhäuser aus Lönneberga, die dichten Wälder rund um Bullerbü und die großen Felsen, auf die die kleinen Räubertöchter kletterten? Mit ihrem Mann hatte Frau Wohl nie über Astrid Lindgrens Geschichten gesprochen, aber ihren Kindern hatte sie jahrelang vor dem Einschlafen daraus vorgelesen. Das Schweden rechts und links der Autobahn hatte wenig mit dem romantischen Märchenland gemein, das Frau Wohl aus Bilderbüchern, Film und Fernsehen kannte. Sie schloss die Augen und träumte sich davon.

Ein scharfes Bremsen riss Frau Wohl aus ihrem Schlaf.
„Ein Elch", rief Herr Wohl und umklammerte mit beiden Händen fest das Lenkrad.
Als der Wagen mit einem letzten Ruck zum Stehen kam, blickte Frau Wohl mit aufgerissenen Augen durch die Frontscheibe, konnte jedoch nichts erkennen, was auch nur im Entferntesten an einen Elch erinnerte. Stattdessen blickte sie auf eine schmale Straße, kaum breit genug für

ein einzelnes Auto, die zu beiden Seiten dicht an dicht mit Nadelbäumen gesäumt war. Hier und da stand ein schmaler, weißer Birkenstamm am Straßenrand. Doch jenseits des Seitenstreifens schweifte ihr Blick über ein endloses, grünes Meer aus bemoostem Waldboden.

Herr Wohl schaltete und gab langsam wieder Gas. Er lächelte, ja grinste geradezu, und seine Augen funkelten wie Frau Wohl es seit Langem nicht mehr gesehen hatte. Zitternd holte sie tief Luft.

„Wo sind wir?", stieß sie hervor. Ihre Stimme klang ihr schrill in den Ohren.

Sofort fiel Herr Wohls Gesichtsausdruck in sich zusammen wie ein wackeliges Kartenhaus. Er blieb stumm. Mit bebenden Fingern schlug Frau Wohl ihr Notizbuch auf und blätterte durch die Seiten, ohne wirklich darin zu lesen. Den Reiseplan kannte sie längst in- und auswendig.

„Wo sind wir?", fragte sie noch einmal, lauter jetzt.

„Irgendwo in Småland", antwortete ihr Mann, genauso laut.

„Irgendwo in Småland?"

Ihr Atem entwich keuchend ihren Lungen.

Mit quietschenden Reifen lenkte der Camper plötzlich in einen Schotterweg, blieb abrupt stehen und schaltete sich aus. Schwer atmend zog Herr Wohl die Fahrertür auf, stieg hinaus und knallte sie mit einem lauten Rumms hinter sich zu. Er stapfte davon.

Hecktisch suchten Frau Wohls Finger nach dem Anschnaller. Als sie sich endlich aus ihrem Sitz befreit hatte, zog sie sich hastig ihre rote Regenjacke über, schloss vorsichtig die Beifahrertür und lief ihrem Mann hinterher.

„Wo willst du denn hin?", rief sie. Er drehte sich nicht um.

„Ich gehe spazieren", rief er zurück.

Eine beklemmende Angst stieg in Frau Wohl auf.

„Aber wir müssen doch …“

Herr Wohl lief einfach weiter.

Wir müssen uns an den Plan halten, dachte sie verzweifelt. Wir müssen in drei Tagen in Öland sein, damit wir die Reservierung nicht verlieren. Wir müssen pünktlich zurückfahren, damit wir in zwölf Tagen zurück in Deutschland sind. Wir müssen in zwölf Tagen wieder in Deutschland sein, damit wir rechtzeitig am Montag auf Arbeit –

Schlagartig blieb sie stehen. Mit einem Mal versickerte ihre Angst im Boden und machte brodelndem Zorn Platz. Sie war zornig auf sich, auf ihren Mann, auf Schweden und auf die ganze verdammte Welt. Damit wir rechtzeitig am Montag auf Arbeit sind, hatte sie gerade denken wollen. Beinahe hätte sie sich mit der Hand vor die Stirn geschlagen. Auf Arbeit? Es gab keine Arbeit mehr. Nicht für sie und nicht für ihren Mann. Keine Termine mehr. Keine Meetings, keine Zeitpläne, an die sie sich halten musste. Stattdessen stand sie hier auf einem Waldweg mitten in einem echten schwedischen Märchenwald direkt aus ihren Kindheitsträumen.

Entschlossen marschierte sie los, überholte ihren Mann und bog vor ihm in den Wald ein. Sofort sanken ihre leichten Stiefel tief ins Moos, doch sie stapfte entschlossen weiter. Sie hob ihre Knie hoch, um über herabgefallene Äste und große, graue Steine zu treten und lief zwischen rötlichen Kiefernstämmen und gigantischen Felsen hindurch.

„Und wo willst du jetzt hin?“, rief Herr Wohl hinter ihr.

„Ich gehe spazieren“, rief sie zurück. Ein sprudelndes Lachen kitzelte sie bei diesen Worten im Magen und wäre beinahe zwischen ihren Lippen hervorgebrochen. Sie grinste und blickte beim Vorbeigehen an den hohen Baumstämmen empor.

Das Licht am Waldboden war schummrig, und plötzlich schlug ihr Herz ängstlich wieder ein paar Takte schneller. Was, wenn es dunkel würde, bevor sie zurück am Auto waren? Was, wenn …
„Ach, Quatsch", sagte sie laut und musste unwillkürlich wieder grinsen. Im schwedischen Sommer ging die Sonne doch nie unter, nicht wahr?

Sie ballte ihre Hände zu Fäusten und ging noch etwas schneller. Der Boden federte ihre Schritte weich ab. Alte, umgefallene Baumstämme und große Felsen waren von einer dicken Moosschicht überzogen. Der unebene An-

und Abstieg trieb ihr die Hitze ins Gesicht. Ohne anzuhalten, griff sie nach dem Reißverschluss unter ihrem Kinn und öffnete ihre Jacke komplett.

Einige Meter vor ihr tat sich mit einem Mal ein schmaler Graben auf, der mit einem sanft fließenden Bach gefüllt war. Ohne langsamer zu werden, fixierte Frau Wohl eine junge Birke, die auf der anderen Seite des Grabens stand. Sie sah nicht nach unten, blickte stur auf die weiß-schwarze Rinde und sprang. Mit beiden Händen umschlang sie den schlanken Stamm. Ihre Füße fanden Halt am höchsten Punkt der Böschung, die zum Bach hinunterführte.

Sie keuchte und ihr Herz raste ihr in der Kehle. Sie strich sich gerade eine Haarsträhne aus der Stirn, da –

Platsch.

Frau Wohl drehte sich um. Herr Wohl stand – offene Sandalen und hochgezogene Socken an den Füßen – mit beiden Beinen mitten im Bach. Einen Ausdruck reinen Schreckens auf dem Gesicht starrte er zu ihr hoch. Frau Wohl hielt den Atem an. Die Augenbrauen ihres Mannes wanderten ihm immer weiter die Stirn empor.

Da brach er plötzlich in schallendes Gelächter aus. Frau Wohl schlug sich die Hände vor den Mund, doch das blubbernde Lachen platzte nun auch aus ihr heraus. Sie lachten und lachten in der weiten Stille des Waldes, bis ihnen die Tränen über die Wangen strömten und ihnen der Bauch wehtat.

„Meine Füße sind kalt", jammerte Herr Wohl und grinste wie ein kleiner Junge.

Mit einer Hand am Birkenstamm zog Frau Wohl ihren Mann aus dem Graben. Erschöpft und völlig außer Atem plumpsten sie Seite an Seite ins Moos und ließen sich gleichzeitig nach hinten sinken.

Als ihr Atem wieder ruhiger ging, drehte Herr Wohl, immer noch lächelnd das Gesicht zu seiner Frau und fragte: „Und was machen wir jetzt?"
Mit funkelnden Augen erwiderte sie sein Lächeln.
„Na, was wir wollen", sagte sie. „Wir sind doch in Rente!"

RUHESTAND MIT HINDERNISSEN
Manfred Linne

Klaus war ein bescheidener Mann. Er hatte nach der Schule eine Ausbildung als Bankkaufmann absolviert und sich dann bei der örtlichen Volks- und Raiffeisenbank beworben, wo er sofort eingestellt worden und 47 Jahre geblieben war. Bis zu diesem Donnerstag, an dem man ihm mit einer launigen Rede und unter dem Applaus seiner Kollegen sein Abschiedsgeschenk überreichte. Silke, seine jüngere Kollegin, die seit drei Jahren mit ihm das Büro teilte, überraschte ihn mit einem bunt dekorierten großen Sparschwein, das alle Kollegen mit Scheinen und Münzen gefüttert hatten und dafür ihre Unterschrift auf dem rosafarbenen Kunststoff hinterlassen durften. Nun saß er in der U-Bahn auf dem Weg nach Oststeinbek, das grinsende Schwein auf seinem Schoß und die schwarze Aktentasche ordentlich zwischen seinen Lederschuhen abgestellt. Das war's. Ab jetzt würde ihn niemand mehr herumkommandieren. Jetzt konnte er den ganzen Tag frei nach seinen eigenen Ideen und seinen Wünschen gestalten. Endlich. Klaus nickte seinen Mitreisenden freundlich zu, die mit ihm zusammen im Viererabteil saßen. Im Gegensatz zu ihm würden sie morgen wieder in die City fahren und in ihr Hamsterrad steigen. Er schmunzelte. Die armen Wichte hatten bestimmt noch 30 Jahre Tretmühle vor sich. Da half auch der Thermobecher mit Caffè Latte nicht!

„Hallo, Hilde, ich bin da!", rief er, als er die Tür zu seiner Wohnung aufschloss. Doch seine Frau war noch unterwegs. Hilde hatte nie wieder angefangen zu arbeiten. Auch nachdem die Kinder aus dem Haus waren, wollte sie nicht mehr in ihren Job zurück. Sie hätte den Anschluss verpasst – wegen der Digitalisierung, meinte sie. Und die Kindererziehung habe sie schon genug Kraft gekostet. Nun, was die Kindererziehung betraf, so hatte Klaus seine eigene Meinung. Für ihn war die Zeit, die seine Frau mit den Kindern verbracht hatte, eine gesellschaftlich anerkannte Spielzeit gewesen. In der Sandkiste sitzen und Sandkuchen mit gelben Förmchen backen, vor dem Fernseher liegen und puzzeln oder in bunten Bilderbüchern blättern – nicht zu vergleichen mit seinem verantwortlichen Posten auf der Bank, wo es doch immer um viel Geld ging.

Zufrieden holte Klaus sein Briefmarkenalbum heraus und setzte sich an den Küchentisch. Diese Marke aus Uruguay war die erste seiner umfangreichen Sammlung gewesen. Dann waren weitere hinzugekommen, die er allesamt ordentlich in die transparente Papierleiste des Albums geschoben hatte, damit auch keine Zacke verletzt wurde. Gerade hielt er mit einer Pinzette Bayerns Portofreiheitsmarke mit LK-Lochung vor seine Augen, als mit Schwung die Küchentür aufgerissen wurde und seine Frau drei große Tüten auf sein Album krachen ließ.

„Hallo, Schatz, wie war deine Abschiedsfeier? Freust du dich, dass wir jetzt endlich mal etwas Zeit haben, um die Wohnung zu renovieren? Ich habe schon Farbe und Pinsel besorgt. Ooooh, du hast Geld bekommen! Klasse. Dann können wir ja doch die Tapete aus der Barbara-Becker-Kollektion kaufen."

Erschrocken fuhr Klaus hoch und klaubte schnell die heruntergefallenen Marken auf. Er legte sein geliebtes Briefmarkenalbum schweigend in das Regal zurück und half Hilde, die Tüten des Baumarktes auszuräumen.

Eine Woche später strahlte die Wohnung in frischen Frühlingsfarben. Klaus brachte die Farbreste und die sorgfältig ausgespülten Pinsel in den Keller. Hilde trug die übrig gebliebenen Tapetenrollen. Als Klaus die Farbeimer in das Regal stellte, fiel sein Blick auf sein altes Rennrad. Er hatte es bestimmt schon seit 10 Jahren nicht mehr benutzt. Eigentlich könnte er ja mal wieder auf seiner früheren Fahrradstrecke durch den Sachsenwald radeln. Sich morgens den Fahrtwind um die Nase wehen lassen und dann ausgepowert nach Hause und unter die Dusche – herrlich. Erst jetzt fiel im auf, wie sehr er diese Freiheit vermisst hatte. Allein mit der Natur, wenn noch kein Mensch auf der Straße war, nur er und die Reifen … Er schob sein Rennrad vorsichtig aus der Ecke heraus. Na klar, Spinnweben überall und vorne einen Platten. Das wäre schnell behoben.

„Was machst du da?", fragte Hilde. „Hilf mir doch bitte mal eben. Ich weiß nicht, wohin mit den Rollen. Kannst du die Farbeimer aus dem Regal nach drüben stellen und die Kiste mit den alten Schallplatten nach unten auf den Boden? Die können wir mal bei Ebay inserieren. Wir haben sowieso keinen Plattenspieler."

Seufzend schob Klaus das schmutzige Rad wieder in die dunkle Ecke und tat, wie ihm geheißen. Die Schallplatten verkaufen? Schade. Es waren einige uralte Stücke von den Rolling Stones dabei. Immer wenn sein Chef ihn wieder einmal drangsaliert hatte und Klaus darunter litt, dass ihm die Gegenworte fehlten, hatte er sich gemeinsam mit Mick Jagger dem musikalischen Protestschrei der Stones angeschlossen. Das hatte ihm gutgetan. Aber das war lange her und Hilde hatte recht. Was nützte die schönste Erinnerung an vergangene Zeiten, wenn kein Plattenspieler da war? Reine Sentimentalität!

So einfach war es allerdings nicht, alles in dem ohnehin schon zum Bersten angefüllten Keller unterzubringen. Egal, in welches Regal Farbdosen und Pinsel geräumt wurden, immer lag danach wieder etwas auf dem Boden, für das erneut ein Platz gesucht werden musste. Zumal mit den Eimern und Pinseln auch die alten Gardinen und Kissen einen Platz finden mussten. Hilde hatte kurzerhand beschlossen, den Keller gemeinsam mit Klaus rundum aufzuräumen und nun stand alles wieder ordentlich an Ort und Stelle. Hilde stemmte zufrieden die Hände in die Hüfte und sagte:

„Das hätten wir schon längst mal machen sollen, aber du hattest ja nie Zeit. Jetzt haben wir endlich mal Ruhe, um es uns so richtig schön zu machen, oder?"

Ergeben nickte Klaus. Richtig schön hätte er es gefunden, wenn er mit einer Tasse Kaffee und einem spannenden Krimi im Wohnzimmer hätte sitzen dürfen, aber er musste zugeben, dass der Keller jetzt wirklich gut aussah. Und wenn er ehrlich war, hatte er schon heute Morgen geahnt, dass der Versuch, noch mehr Tüten und Dinge im Keller unterzubringen, zwangsläufig zu einer längeren Aufräumaktion führen würde. Das Fahrrad müsste nun allerdings noch warten, dazu war er jetzt zu müde. Er wischte sich Staub und Spinnweben von den Händen und kehrte mit seiner Frau in die Wohnung zurück.

Klaus hatte Hilde vor etwa 28 Jahren bei Freunden kennengelernt. Die muntere und energiegeladene Brünette hatte ihm sofort gefallen und erstaunlicherweise hatte sie ihn wohl auch attraktiv gefunden, denn sie hatte auf seine unausgesprochene Frage, ob sie mit ihm ausgehen wolle, gleich ein festes Datum vorgeschlagen. So hatte es angefangen. Sie waren zunächst Kaffee trinken gegangen, dann hatte er sie zum Italiener eingeladen und einige Wochen später waren sie gemeinsam im Kino gewesen. Anschließend hatte er ihr seine Wohnung gezeigt, wo sie bis zum Frühstück geblieben war. Er war kein Mann der großen Worte, war er noch nie gewesen. Auf der Arbeit kam es häufiger vor, dass seine Kollegen, die sich den ganzen Tag lang freundliche Sticheleien an den Kopf warfen, auch ihn in ihren verbalen Schlagabtausch einbeziehen wollten, doch seine Zunge war nicht so schnell. Besonders Silke, mit der er sich auf kollegialer Ebene sehr gut verstanden hatte, war so eine Plaudertasche, die den lieben langen Arbeitstag lang redete und erzählte. Wenn sie dann nach seinem Wochenende oder Urlaub fragte, war er jedes Mal zunächst erschrocken und wenn ihm dann eine lustige Begebenheit aus seinem Alltag einfiel, war sie schon längst beim nächsten Thema. Nein, mit den Worten war es nicht so einfach. Aber seine Worte hatten ausgereicht, um Hilde, nachdem sie sich schon seit einem halben Jahr regelmäßig getroffen hatten, auf zufriedenstellende Weise seiner Gefühle zu versichern und um ihre Hand zu bitten. Nach etwa einem Jahr waren sie verheiratet gewesen. Und mit Hilde zusammen hatten etwa 8 Umzugskartons mit Dekorationsartikeln und Weihnachtsschmuck Einzug in ihre neue Wohnung gehalten, von denen die meisten in den Keller gewandert waren. Im Laufe der Jahre war noch einiges hinzugekommen. Eigentlich könnten diese Sachen auch einmal bei Ebay inseriert werden, dachte er. Notfalls unter der Rubrik „Zu verschenken". Aber diesen Gedanken äußerte er lieber nicht laut.

Beim nächsten Einkauf im Supermarkt blickte Klaus in den vollen Einkaufswagen und wandte sich an seine Frau:

„Hilde, mein Schatz, warum haben wir zehn Flaschen Spätburgunder im Einkaufswagen? Soweit ich weiß, trinken wir beide keinen Rotwein."

„Das ist für unsere kleine Feier am Samstag. Ich habe dir doch gesagt, dass Jule und Martin mit ihren Familien kommen. Und die Nachbarn habe ich auch eingeladen. Ich habe in der Schlachterei bei Kaufland einen Braten bestellt und ein paar Salate gibt es auch. Wir wollen doch endlich feiern, dass du jetzt nicht mehr arbeiten musst. Apropos, ich würde gern, bevor die Gäste kommen, noch die Fenster putzen. Da kann man ja schon fast nicht mehr durchsehen."

Nach 27 Ehejahren war Klaus ein Frauenversteher geworden. Er wusste genau, wenn Hilde „ich" sagte, meinte sie „du". Also nahm er nachmittags den Abzieher und das Wischleder und putzte die Fenster spiegelblank. Auch die Rahmen reinigte er gründlich innen und außen. Hätte er es nicht getan, wäre Hilde mit dem Ergebnis nicht zufrieden gewesen und hätte ihn noch mal von vorn anfangen lassen.

Alle waren sie gekommen, um mit ihm seinen Ruhestand zu feiern. Von Ruhe konnte allerdings nicht die Rede sein. Von „stand" schon, denn Klaus hatte den ganzen Vormittag in der Küche gestanden und Hilde bei den Vorbereitungen assistiert. Nun saß er etwas ausgepowert auf seinem Stuhl am Esszimmertisch, den sie mit Erweiterungsplatten zu einer großen Tafel ausgezogen hatten. Elfeinhalb Personen saßen um ihn herum und hielten Sektgläser in die

Höhe. Die halbe Person natürlich nicht und die größeren zwei Kinder auch nicht. Die hatten Sprudelwasser in den Sektflöten.

„Papa", erhob sein Sohn die Stimme. „Du kannst dir gar nicht vorstellen, wie sehr wir dich beneiden. Aber du hast es verdient. Endlich kannst du die Füße hochlegen und lesen oder dich deinen anderen Hobbys widmen. Herzlichen Glückwunsch zum Ruhestand."

Alle applaudierten und freuten sich mit dem Ehemann, Vater, Schwiegervater und Opa über diesen Meilenstein in seinem Leben. Nur Klaus nicht. Irgendwie saß plötzlich ein kleines Teufelchen auf seiner linken Schulter und flüsterte ihm ins Ohr:

„Ruhestand! Was ist das für ein Ruhestand? Dauernd musst du Dinge erledigen. Da hast du gedacht, dass du keinen Chef mehr hast, – und jetzt hast du eine Chefin. Immer, wenn du gerade gemütlich sitzt, taucht sie mit einem neuen Auftrag auf. Und was ist mit deinem Fahrrad? Und den Schallplatten?"

In der Nacht träumte Klaus unruhig. Immer wieder kam das kleine Teufelchen, piekte mit seinem Dreizack in sein Hinterteil und rief: „Los! Los! Warum sitzt du hier so faul herum?" Dabei grinste es maliziös, um gleich darauf wieder zu pieken und zu rufen: „Wehr dich doch mal!"

Im Leben eines jeden Menschen gibt es den Moment, wo er die Komfortzone verlässt und seinem Leben einen Stoß in die richtige Richtung gibt. Für Klaus Lindemann war dieser Moment jetzt gekommen. Am Montag nahm er das dicke rosa Sparschwein aus dem Regal. Er zog den Gummistopfen heraus und schüttete die Scheine auf den Tisch. Donnerwetter, seine Kollegen hatten es richtig gut mit ihm gemeint! Das Geld würde auf jeden Fall reichen. Einige Stunden später kehrte Klaus mit einem großen Karton und mehreren Einkaufstüten in die Wohnung zurück. Neugierig umkreiste Hilde ihn.

„Was hast du denn da gekauft? Einen Kaffeevoll-automaten? Oder einen Multikocher?"

Natürlich hatte sie gleich den Aufdruck vom Elektronikmarkt entdeckt.

„Warte ab", sagte Klaus und packte nach und nach seine Kartons und Tüten aus. Erst die kleinen. Es kamen eine Fahrradlampe, ein neuer Schlauch, eine batteriebetriebene Luftpumpe, Kettenöl und Reinigungsspray sowie ein neuer Sattel zum Vorschein. Hildes Augen weiteten sich.

„Was wird das denn? Steigst du jetzt in den Fahrradhandel ein?"

„Nein, mein Schatz. Ich genieße nur ab jetzt meinen Ruhestand. Und das bedeutet, dass ich mein Fahrrad repariere und wieder öfter morgens meine Runde drehe. Und wenn du willst, bringe ich immer anschließend Brötchen mit und wir frühstücken schön ausgiebig. So stelle ich mir das Rentnerleben vor. Und hin und wieder darfst du mich auf deinem Fahrrad begleiten. Aber das putzt du selbst."

„Oh, Hase, was für eine schöne Idee. Ich wollte immer schon gern mit dir Fahrrad fahren. Das machen wir genau so, wie du sagst." Hilde umarmte Klaus. „Aber was ist in dem großen Paket?"

Langsam faltete Klaus den Deckel auseinander und entfernte das Folienpapier. Er hob einen großen Gegenstand heraus und stellte ihn mitten auf den Tisch. Ein Plattenspieler.

DER KÖNIGLICHE RUHESTAND
Sabine Maist

„Ach, mein Schatz, nun fasse dir doch nicht immerzu an deinen Bart. Das macht mich nervös."

Mein Sohn, der frischgekrönte König, saß zusammen-gesunken in meinem Teepavillon. Er hatte die Beine lang vor sich ausgestreckt und fuhr sich mit dem Finger wieder und wieder über den spitzen Bart.

„Möchtest du noch Tee?", fragte ich.

Als Antwort blickte er gedankenverloren in die Ferne.

„Ich war heute zu einem Nachmittagsspaziergang bei Königin Luise", erzählte ich, und nippte an meiner Tasse. „Es ist einfach herrlich, wie viel Zeit ich neuerdings für Besuche habe, jetzt, da du der König bist. Die arme Luise war ganz gehetzt. Immerzu hat sie Ärger in ihrem Königreich." Ich nahm noch einen Schluck. „Ich habe ihr gesagt, sie solle auch endlich in den Ruhestand gehen. Es wird höchste Zeit. Aber sie hört nicht auf mich–"

„Du warst bei Königin Luise?" Mein Sohn hatte sich ein wenig aufgerappelt und sah mich mit weit aufgerissenen Augen an. „Heute?"

„Ja, mein Schatz, direkt nach dem Mittagsmahl habe ich sie besucht. Wie entzückend, dass du dich dafür interessierst! Rate mal, was sie mir beim Spazierengehen erzählt hat! Nur Ärger hat sie, die Ärmste. Und jetzt mit dem König höchstselbst! Und mit ihrer Tochter erst! Ach, du ahnst ja nicht –"

„Was hat sie dir erzählt, Mutter?"

„Oh, du würdest es nie erraten! Der König hat auf alles, was ihm heilig ist, geschworen, dass er seine Tochter an den nächstbesten Fremden verheiratet, der sein Schloss betritt. Das ist doch nicht zu glauben! Die arme Luise ist komplett aufgelöst, natürlich –"

„Also glauben kann ich das schon." Der König versank wieder in seinem Stuhl.

„Was soll das heißen, mein Sohn?"

Er funkelte mich an.

„Das geschieht ihr ganz recht, dieser hochnäsigen Prinzessin", sagte er. „Alle hat sie uns abgewiesen, Mutter, die versammelte Prinzenschar und sämtliche Könige aus nah und fern!"

„Warst du bei ihr? Heute?"

Grimmig wandte mein Sohn seinen Blick ab und verschränkte die Arme vor seiner Brust.

„Ach Gott, du Armer!" Ich musste lächeln und legte ihm tröstend die Hand auf den Oberarm. „Warst du einer der Freier, die die Prinzessin heute abgewiesen hat? Du kannst es ihr nicht verdenken, wenn sie sich noch nicht vermählen will. Die Ärmste kennt dich doch nicht, und zu jung zum Heiraten ist sie obendrein."

„Sie war trotzdem wirklich … gemein. Sie hat mich König Drosselbart genannt!"

Ich konnte nicht anders – ich musste laut auflachen. Als ich sah, wie sich die königliche Unterlippe schmollend vorschob, schlug ich mir immer noch glucksend eine Hand vor den Mund und wuschelte ihm mit der anderen durch die Haare. „Ich habe dir ja gesagt: Der Bart muss ab!"

Sanfte Musik umhüllte mich, als ich am nächsten Tag auf einer Liege in meinen Gemächern ruhte. Ich war wohlig in weiche Badetücher gewickelt und hatte zwei Gurkenscheiben auf den Augen. Der königliche Ruhestand war einfach himmlisch. Hinter einem Paravent zauberte ein Harfenspieler perlende Melodien. Zu meinen Füßen kniete meine Lieblingszofe und rieb herrlich duftende Öle in meine müde Haut. Es war einfach wunderbar wie entspannend ...

Rumms! Mit polternden Schritten stürmte der junge König in meine Gemächer.

„Hier bin ich mein Schatz", rief ich und seufzte.

Während er näher kam, zupfte ich mir eine Gurkenscheibe vom Gesicht. Mein Sohn betrat das Badezimmer, erblickte mich und zog sich hastig hinter den Paravent zurück. Klirrend verstummte die Harfe und der verschreckte Musiker räumte eilig das Feld.

„Hallo mein Sohn", sagte ich, atmete tief ein und aus und legte mir die Gurkenscheibe zurück auf die Augen. Die Zofe massierte weiter und ich seufzte wohlig. Herrlich, diese Entspannung ...

„Hallo, Mutter", sagte der König. Er klang aufgebracht.

Ich erwiderte nichts. Einatmen, ausatmen ... entspannen ...

„Ich habe sie geheiratet. Die Prinzessin."

„WAS?!"

Ich richtete mich kerzengerade auf und starrte zum Paravent hinüber, während mir die Gurkenscheiben langsam über das Gesicht rutschten.

„Ich habe sie geheiratet", wiederholte mein Sohn. Jetzt klang er bockig. „Sie hat es nicht anders gewollt. Ich bin als Bettler verkleidet zum König gegangen. Er hat seinen Schwur gehalten und so wurde sie meine Frau."

Stöhnend ließ ich mich zurück auf die Liege sinken.

„Wo ist sie?", fragte ich matt. Mehr brachte ich nicht heraus.

Der König murmelte etwas Unverständliches.

„Wie bitte?"

„Sie ist in der alten Köhlerhütte hinter der Stadt", gab er kleinlaut zu.

Ich holte tief Luft.

„Mein Sohn", donnerte ich mit aller Würde, die ich in meinem ziemlich unköniglichen Zustand aufbringen konnte. „Du kommst jetzt augenblicklich hinter dem Paravent hervor und trittst mir unter die Augen!"

Mit hängenden Schultern schlurfte er durch das Badezimmer.

„Du bringst die Prinzessin sofort in unser Schloss!" Fassungslos starrte ich den König an, der stumm den Kopf schüttelte. „Sie soll doch nicht wirklich –"

„Sie bleibt in der Hütte", rief er, ballte die Hände zu Fäusten und stürmte aus dem Raum.

„Eure Hoheit, ich fürchte, ich bringe schlechte Nachrichten", flüsterte mir die Zofe ins Ohr, als ich am nächsten Morgen beim königlichen Frühstück saß.

Ich schlug mein Ei auf, wappnete mich und nickte ihr zu.

„Der König hat Weidenruten schneiden und grobe Wolle sammeln lassen. Er hat alles zur Köhlerhütte gebracht."

„Das ist ja nicht zu fassen", rief ich aus.

Ich legte ihr die Hand auf den Arm und raunte ihr zu: „Jetzt soll das arme Ding Körbe flechten und Wolle spinnen! Ist das zu glauben?"

Die Zofe lächelte schüchtern. „Vielleicht soll sie ihr eigenes Geld verdienen?", schlug sie zaghaft vor.

„Aber sie ist doch eine Prinzessin! Sie wird sich die zarten Finger zerstechen!"

Die Zofe überlegte einen Moment, dann beugte sie sich noch näher zu mir heran.

„Wir könnten ihr etwas von dem aussortierten Porzellan schicken, das auf dem Dachboden verstaubt. So kann sie es auf dem Markt verkaufen."

„Eine hervorragende Idee, meine Liebe!", rief ich aus. Meine Stimme hallte durch den Saal.

„Oh", wisperte ich erschrocken und legte mir selbst den

Finger auf die Lippen.

„Eine hervorragende Idee, meine Liebe", raunte ich ihr zu. „Bitte veranlasse alles Nötige."

Gut gelaunt widmete ich mich wieder meinem Frühstücksei.

„Und wir wollen hoffen, dass mein geschätzter Herr Sohn, der König, schnell wieder zur Vernunft kommt."

„Er hat alles kaputtgemacht!"

Dicke Tränen rannen über das Gesicht der jungen Zofe. Völlig aufgelöst stand sie mitten in meinem Schlafzimmer. Ich hatte mich gerade für die Nacht fertiggemacht und saß, nur noch in meinen Morgenmantel gehüllt, auf der Bettkante.

„Na, na…", sagte ich, erhob mich ein wenig schwerfällig und tätschelte ihr den Arm. „Es wird schon nicht so schlimm sein. Was ist denn passiert, meine Liebe?"

„Es war der König", stieß die Zofe zwischen zitternden Schluchzern hervor. „Er ist wie wild über den Markt geritten und hat das schöne Porzellan zertreten, das die arme Prinzessin verkaufen wollte."

„Na, na…", sagte ich noch einmal, schloss sie in meine Arme und strich ihr über den langen Zopf.

Dann richtete ich mich auf und zog entschlossen das Band fest, das meinen Morgenmantel zusammenhielt.

„Jetzt gehe ich zum König. Der kann was erleben!"

Als ich ein paar Minuten später energisch an die großen Torflügel am Eingang der königlichen Gemächer klopfte, öffneten sie sich vor meiner ausgestreckten Hand. Das Gesicht des Königs erschien hoffnungsvoll im Türspalt, fiel aber in sich zusammen, als er sah, wer da vor ihm stand. Ohne ein Wort drehte er sich um und warf sich auf einen gepolsterten Sessel in der Mitte des Raums.

„Wen hast du erwartet?", fragte ich spitz, als sich die

schwere Tür hinter mir schloss. „Doch nicht etwa die Prinzessin?"

„Es ist einsam ohne sie", murrte er in seinen Bart.

Empört schnappte ich nach Luft. Ich trat an das große Fenster hinter seinem Schreibtisch und deutete nach draußen in die Dunkelheit.

„Deine Frau ist alleine dort im Wald. Wahrscheinlich friert sie erbärmlich und hat keinen Krümel zum Essen da. Und was denkt sie, wo du bist?"

„Ich habe ihr gesagt, dass ich Geld verdienen muss, weil sie heute nichts verkauft hat."

Verlegen sah mein Sohn zu mir herüber. Eisern blickte ich zurück.

„Ich wollte ihr nur eine Lehre erteilen! Sie hat auf alle herabgeblickt. Ich fand, dass es ihr Recht geschieht, ein paar Tage im Elend zu leben."

Er stand auf und begann, mit großen Schritten durch den Raum zu gehen.

„Aber jetzt weiß ich nicht mehr, wie ich das Ganze beenden soll. Ich kann sie doch nicht einfach ins Schloss bringen!"

Er blieb vor mir stehen und umfasste meine Hände mit seinen. Unter seiner flehenden Miene schmolz meine eiserne Strenge dahin.

„Natürlich kannst du sie einfach ins Schloss bringen! Wenn sie erst einmal in einem weichen Bett schläft und zehn Zofen zur Verfügung hat, wird sie dir schnell verzeihen."

„Aber dann war alles umsonst! Sie wird alles wieder vergessen! Nein, Mutter, sie muss als Dienerin ins Schloss kommen. Als Küchenmagd! Der Koch kann sie morgen Abend zu uns in den Thronsaal schicken. Und dann feiern wir Hochzeit, sie und ich. Kannst du dich darum kümmern, Mutter?"

Ich seufzte schwer. „Aber ja, mein Sohn."

„Da ist sie", flüsterte der König und zupfte mich am Ärmel.

Die Hochzeitsfeier war bereits in vollem Gange, auch ohne eine Braut. Das Buffet war halb geplündert und der Tanzsaal war erfüllt von beschwingter Musik, dem Lachen der tanzenden Gäste und dem Quietschen ihrer Sohlen auf dem Parkett. Bisher hatte mein Sohn nur mürrisch auf dem Thron gehockt und den Kopf auf die Faust gestützt. Beim Erscheinen der Prinzessin wich seine grüblerische Miene jedoch einem strahlenden Blick und einem unterdrückten Lächeln.

„Da, an der Wand!"

Aufgeregt wies er nach links. Dort stand, halb hinter einer Säule verborgen, eine zarte junge Frau, die den tanzenden Paaren sehnsüchtig hinterherblickte, während diese an ihr vorbeischwebten. Sie trug die fleckige Schürze einer Küchenmagd und einen Zopf, der bewies, dass sie sich nie zuvor selbst die Haare zusammengebunden hatte.

„Geh zu ihr", sagte ich und legte meinem Sohn die Hand auf den Rücken. „Tanz mit ihr."

Mit steifen Schritten schob er sich auf die Prinzessin zu und verbeugte sich vor ihr. Dann strich er sich nervös über den spitzen Bart und sprach mit ihr. Ein bezauberndes Lächeln erschien auf dem Gesicht der Prinzessin. Doch sie schüttelte den Kopf und errötete.

Mein Sohn wandte sich halb von ihr ab und sah mich hilflos an.

„Tanzen", formte ich mit den Lippen und winkte ihm auffordernd zu.

Der König verzog gequält das Gesicht, nahm die Prinzessin an der Hand und mischte sich mit ihr unter die sich drehenden Paare auf der Tanzfläche. Sie machte ein, zwei vorsichtige Schritte, dann stolperte sie plötzlich und stieß rückwärts gegen den Buffettisch. Scheppernd fiel etwas zu Boden, die Musik verstummte und die tanzenden Gäste wandten sich der entsetzten Prinzessin zu. Sie schlug die Hände vors Gesicht, drehte sich um, raffte ihren Rock und lief aus dem Saal hinaus auf den Schlosshof.

Eilig durchquerte ich die erstarrte Menge, baute mich vor dem König auf und tippte ihm mit dem Finger vor die Brust.

„Du läufst ihr sofort hinterher! Und du erklärst ihr alles! Hast du mich verstanden?"

Ohne eine Antwort abzuwarten, drehte ich mich zu meiner Zofe um, packte sie am Arm und zog sie hinter mir aus dem Festsaal.

„Komm mit", raunte ich und stieg eine schmale Wendeltreppe hinauf.

Ich zwinkerte ihr zu, legte den Finger an die Lippen und öffnete behutsam eine Tür, die hinaus auf einen Balkon mit steinerner Brüstung führte.

Der König und die Prinzessin standen direkt unter uns. Mit angehaltenem Atem beugten wir uns vor und lauschten, wie mein Sohn der Prinzessin alles offenbarte. Er erklärte ihr, dass er ein König sei, der als verkleideter Bettler zu ihr gekommen war. Zerknirscht gab er zu, wie er als Reiter ihr Porzellan zerstört hatte. Er entschuldigte sich wortreich, kniete nieder und ergriff ihre Hand.

„Verzeihst du mir?", fragte er. Das Zittern in seiner Stimme drang bis zu unserem Balkon hinauf.

„Oh ja, mein König Drosselbart", rief die Prinzessin und zog ihn auf die Füße.

„Ist das zu fassen", raunte ich der Zofe zu. „Da lässt er sie tagelang im Elend schmoren und jetzt blickt sie ihn an wie ein liebestolles Reh!"

Vor unseren Augen streckte die Prinzessin ihre Hand aus und strich ihm übers Gesicht.

„Deinen Bart mag ich eigentlich ganz gern. Er ist so männlich!"

Der König lächelte breit.

„Na herrlich", stöhnte ich und verdrehte die Augen. „Jetzt rasiert er sich nie wieder!"

IM HAFEN DER EHE
Isabelle Frings

„Sepp, ich habe gerade mit der Mara telefoniert. Sie hat mir erzählt, dass sie einen Freund hat", informiert Resi ihrem Mann aufgeregt über die Neuigkeit, dass ihr 16-jähriges Enkelkind die erste große Liebe gefunden hat.

„Du, ich schaue gerade Fußball. Mei, jetzt schieß schon! Das gibt's doch nicht! Der spielt wohl auf der Position Vollpfosten. Selbst ich hätte das Runde ins Eckige gebracht. Resi, holst du mir noch ein Bier aus dem Kühlschrank? Eilt. Meine Flasche ist gleich leer."

Aber Sepps Gemahlin denkt nicht im Entferntesten daran, ihren Mann zu bedienen. Wütend schaltet sie den Fernseher aus. „Was ist denn jetzt in dich gefahren?" Der 70-jährige Rentner starrt Resi mit weit aufgerissenen Augen an.

„Wir müssen reden", sagt sie ernst.

„Du bist ja narrisch. Doch nicht mitten im Spiel von 1860 München gegen Erzgebirge Aue. Gib sofort die Fernbedienung her."

„Hier hast du sie. Ich packe unterdessen meine Koffer."

„Du willst verreisen? Hast du mir gar nicht erzählt. Gute Fahrt! Melde dich, wenn du angekommen bist, – aber erst nach 16.00 Uhr, wenn das Match zu Ende ist."

„Tooooor, Tooooor, Tooooor!", hört Resi ihren Mann laut jubeln, als sie mit ihrem Gepäck die Wohnung verlässt. Ein Taxi bringt sie zu dem Haus am Stadtrand, in dem ihre Tochter Zenzi mit ihrer Familie lebt. Nachdem die Münchnerin geklingelt hat, öffnet ihr Mara. „Du hier, Oma? Du hättest doch nicht gleich zu mir kommen müssen, bloß weil ich jetzt einen Freund habe."

„Meine Kleine, ich freue mich so für dich. Aber deshalb bin ich nicht hier. Sind die Zenzi und der Kiano da?"

„Nein, Mama ist mit Linus auf dem Spielplatz. Und Papa muss noch arbeiten."

Wenig später sitzen Resi und ihre Enkelin am Küchentisch und trinken Limonade. „Warum hast du denn einen so großen Koffer dabei?", fragt Mara.

„Das erzähle ich dir später. Jetzt will ich erst einmal alles über deinen neuen Freund wissen."

Das junge Mädchen strahlt, während es berichtet: „Er heißt Josef, möchte aber Jupp genannt werden, weil das internationaler klingt. Er ist so alt wie ich. Hier ist ein Foto von ihm."

„Ach, der sieht aber gut aus. Er erinnert mich an Yul Brynner."

„Wer ist das?"

„Ein Schauspieler mit Glatze."

Mara lacht. „Seine spärliche Kopfbehaarung nimmt Jupp mit Humor. Er hat sich mir als Deoroller von King Kong vorgestellt."

In dem Moment kommt Zenzi mit dem kleinen Linus nach Hause. Sie ist völlig überrascht, ihre Mutter vorzufinden. „Ist was passiert?", erkundigt sie sich erschrocken, als sie den Koffer neben Resi stehen sieht.

„Ich wollte fragen, ob ich eine zeitlang bei euch wohnen darf."

„Hat Sepp eine ansteckende Krankheit?"

„Nein, es ist alles in Ordnung. Es ist nur – können wir das später bequatschen?"

Mara springt erfreut auf. „Klar kannst du bei uns bleiben. Ich beziehe gleich das Bett im Gästezimmer."

Nachdem das Mädchen aus der Küche gestürmt und Linus mit Spielzeug beschäftigt ist, nimmt Zenzi neben ihrer Mutter Platz. „Du siehst so bedrückt aus", stellt sie fest.

„Ja, ich habe ein Problem mit Sepp", platzt es aus Resi heraus, „seit wir in Rente sind, habe ich mehr und mehr das Gefühl, als würden wir nebeneinanderher leben. Er hört mir überhaupt nicht mehr zu. Bei ihm dreht sich alles nur noch um Fußball und seinen Stammtisch, während er mit mir gar nichts mehr gemeinsam unternimmt. Von meinen Fortbildungen, zu denen er mich früher begleitet hat, will er auch nichts mehr wissen. Sepp hält sogar die Investition in meinen Englisch-Sprachkurs für rausgeschmissenes Geld. Was ihn angeht, fühle ich nur noch eine innere Leere in mir. Ich brauche dringend eine Auszeit von Sepp." Tränen kullern über die Wangen der 70-Jährigen.

Zenzi streichelt sanft die Hand ihrer Mutter. „Das wird schon wieder werden. Jetzt bleibst du erst mal bei uns." Das Telefon im Flur klingelt. „Was soll ich sagen, wenn es Papa ist?", will Zenzi wissen.

„Dass ich ihn vorerst weder hören noch sehen will." Resis Tochter geht an den Apparat. Eine blechern klingende Stimme meldet sich: „Hello, we are from Microsoft. We need your password to repair your system." Die junge Frau legt augenblicklich auf.

Gerade betritt auch Kiano das Haus. „Da ist ja mein Eidam", empfängt ihn Resi.

„Was ist Eidam?" Der Mann mit afrikanischen Wurzeln hat diesen Ausdruck noch nie in seinem Leben gehört.

„Das ist ein veralteter Begriff für Schwiegersohn."

„Aha, und du bist dann meine Eimama? Schön, dass du da bist."

„Kiano, die Mutti hat Eheprobleme. Macht es dir was aus,

wenn sie einige Zeit bei uns wohnt?"

„Überhaupt nicht. Aber was ist mit Sepp? Mag er nicht auch zu uns kommen? Er ist ein guter Mann." Die Bajuwarin bricht in herzzerreißendes Schluchzen aus.

„Habe ich was Falsches gesagt?" Kiano blickt verzweifelt in die Richtung seiner Frau.

„Nein, alles gut. Die Mutti braucht einfach ein bisschen Zeit für sich. Das wird sich schon wieder einrenken."

Unterdessen endet das Fußballspiel mit einer knappen Niederlage der bayrischen Mannschaft. Enttäuscht schaltet Sepp den Fernseher aus und ruft nach seiner Frau. Als er keine Antwort erhält, fällt ihm plötzlich wieder ein, dass sie verreisen wollte. Doch er kann sich nicht daran erinnern, dass sie ihm erzählt hat, wohin sie eigentlich wollte. Der Münchner ruft Resi auf dem Handy an, doch es schaltet sich nur ihre Ansage auf dem Anrufbeantworter an: „Guten Tag, hier bin ich beziehungsweise bin ich nicht. Bitte hinterlassen Sie nach dem Piep eine Nachricht. Hello, here I am or not I am. Please afterlet after the piep a news."

Sepp legt auf und denkt darüber nach, was er am besten aufs Band sprechen soll. Die Situation, dass seine Gemahlin nicht da ist und er so wenig über ihren Verbleib weiß, betrübt ihn. In dem Moment fällt ihm auf, dass sie sich schon seit geraumer Zeit sehr seltsam ihm gegenüber verhalten hat. Dauernd wollte sie mit ihm tiefsinnige Gespräche über Gott und die Welt führen, Beziehungstests durchführen, Partnerhoroskope lesen.

Nachdem Sepp auf Resis Anrufbeantworter um einen Rückruf gebeten hatte, der auch Stunden später nicht erfolgt ist, wählt er die Nummer der gemeinsamen Tochter Zenzi: „Grüß dich, sag mal, weißt du, wo die Mutti ist?"

Schweigen am anderen Ende der Leitung. „Bist du noch da?"

„Ja, sie ist bei uns. Sie braucht ein bisschen Abstand von dir, hat Mutti gesagt."

„Wie, Abstand? Sie kann doch in die Küche gehen, wenn ich im Wohnzimmer bin. Verstehe ich nicht."

„Sie denkt, Ihr habt Euch auseinandergelebt."

„Gib mir mal die Mutti!"

„Es tut mir leid, aber sie möchte vorerst nicht mit dir sprechen."

Sepp glaubt, seinen Ohren nicht zu trauen. Seine Frau hat ihn verlassen? Fassungslos beendet er das Telefonat mit Zenzi und holt sich einen Enzian aus dem Spirituosenschrank. Ich werde um sie kämpfen, beschließt er nach dem fünften Glas und schläft direkt auf dem Sofa ein. Im Traum sieht er sich in fescher Tracht beim Fensterln an Resis Zimmer eines schmucken bayrischen Bauernhauses. Doch plötzlich krachen die Holzsprossen der Leiter ein, und er plumpst unsanft auf die Wiese. Mit dröhnenden Kopf- und Rückenschmerzen wacht der Münchner auf.

Seine Frau dagegen beginnt den Tag voller Elan. In der Nacht war ihr vieles durch den Kopf gegangen. Ihr Schwarm aus Jugendzeiten war ihr wieder in Erinnerung gekommen: Der Grieche Jorgos, den sie während eines Urlaubs mit ihrer einstigen Clique auf Kreta kennengelernt hatte. Mit seiner unkonventionellen, rebellischen, aber auch romantischen und hingebungsvollen Art hatte er ihr Herz im Sturm erobert. Zusammen mit Bob Dylan und Janis Joplin hatte er in den Höhlen des Hippie-Ortes Matala im Süden der griechischen Insel gewohnt.

Mit verträumtem Lächeln hatte Resi an ihren ersten Kuss

mit Jorgos zurückgedacht. Während sie händchenhaltend am Strand gesessen hatten, hatte der Grieche ihr auf einmal ins Ohr geflüstert: „Das Etikett deines T-Shirts schaut heraus. Ich drehe es wieder auf die Innenseite. Oh, was steht denn da drauf? Ah, made in heaven."

„Mäht in Häfen?", hatte sich Resi leise gewundert, sich jedoch nicht getraut, näher nachzufragen. Um sich die Peinlichkeit zu ersparen, ihre Unwissenheit offenbaren zu müssen, hatte sie Jorgos einfach geküsst.

Die zwei Wochen Ferien in Griechenland waren wie im Fluge vergangen. Als Resi wieder nach Deutschland zurückgekehrt war, hatten sie und der Grieche sich noch mehrmals geschrieben, aber mit der Zeit den Kontakt zueinander verloren.

„Guten Morgen, Mara", sagt Resi, als sie die Küche ihrer vorübergehenden Bleibe betritt.

„Gut geschlafen, Oma?"

„Ja bestens. Ich möchte dich um einen Gefallen bitten. Könntest du mir bitte ein Hotel in Matala auf Kreta buchen, wenn möglich mit einem Yoga-, Töpfer- oder

Malkurs? Ich denke, eine räumliche Distanz zu Sepp und etwas Tapetenwechsel täten mir gut. Dann falle ich euch hier auch nicht so zur Last und finde besser zu mir selbst."
„Omi, du fällst uns doch nicht zur Last! Aber wenn du möchtest, kann ich das natürlich gerne machen. Nach dem Frühstück buchen wir die passende Reise für dich. Solange du weg bist, kümmere ich mich um Opa. Dem wird es vermutlich nicht gut gehen."
„Du bist ein liebes Mädchen."

Als Resi am Flughafen von Heraklion landet, schlägt ihr Herz wie wild. Ob Jorgos noch in den Höhlen lebt? Die Bayerin empfindet ein euphorisches Lebensgefühl, als sie die Gangway des Fliegers hinabsteigt. Ihre langen grauen Haare hat sie nicht wie sonst zu Zöpfen geflochten. Lieber lässt sie sie ungezügelt im Wind flattern. Auch ihr neues Outfit gibt ihr ein gutes Feeling von Freiheit und Jugendlichkeit. Statt des gewohnten Dirndls trägt sie eine knielange lila Tunika, schwarze Leggins sowie Jesuslatschen.

Rund eine Stunde später checkt Resi in ihrem Hotel ein. Sie reißt die Rollläden in ihrem Zimmer auf, um die miefige Luft hinauszulassen und die Aussicht zu genießen. Der Blick aufs tiefblaue Meer ist umwerfend. „Ich bin angekommen", denkt die Rentnerin überglücklich.

Am Tag drauf begibt sich Resi an den Meeresstrand zu Füßen der Höhlen von Matala. Zu ihrer Enttäuschung muss sie erfahren, dass dort schon lange niemand mehr lebt, die Höhlen aber besichtigt werden können. Warum soll ich mir eine leere Höhle anschauen und dafür noch Eintritt bezahlen, fragt sich die Münchnerin, die es sich auf einem Strandtuch bequem gemacht hatte. In der Hoffnung, Jorgos zufällig zu sehen, schaut sie sich um.

Doch sie ist ausschließlich von Touristen umgeben, die als Paare oder Familien den Tag am Meer genießen wollen.

Die Begeisterung der Münchnerin, ihrem Leben neuen Schwung geben zu wollen, erfährt einen ersten Dämpfer. Zwischen all den fröhlichen Strandgästen fühlt sie sich beklemmend allein und einsam. Nachdem sie alle Zeitschriften, die sie am Flughafen gekauft hat, zum dritten Mal durchgeblättert und diverse Kochrezepte herausgerissen hat, überkommt sie zudem eine maßlose Langeweile. Zum Baden ins Meer möchte sie nicht gehen, da sie ihre Sachen nicht unbeaufsichtigt zurücklassen will. Also beschließt Resi, ins Hotel zurückzukehren und sich für das Abendessen in einem Fischerrestaurant, in dem sie oft mit Jorgos Calamares gegessen und Retsina getrunken hatte, hübsch zu machen.

Geschmückt mit einem bunten Blumenkranz im Haar und gekleidet in ein wallendes Maxikleid mit folkloristischen Elementen begibt sie sich zur unmittelbar am Strand gelegenen Taverne „Athena Pentanóstimo". „Ich hätte gerne Calamares und ein Glas Retsina", bestellt Resi beim Kellner, der in ihrem Alter sein könnte. Der Ober starrt sie entgeistert an. Vielleicht hört er schlecht, oder er versteht kein Deutsch, überlegt die Münchnerin. Also spricht sie ihn laut auf Englisch an: „I want an ink-fish in form of a kringel and a glass Retsina. This is a hart vino."

Nun setzt sich dieser Kellner auch noch an ihren Tisch und stammelt: „Wir kennen uns."
„Sie kennen mich vielleicht vom Foto aus dem Seniorenkalender von vor drei Jahren. Ich habe Sie jedoch noch nie in meinem Leben gesehen. I does not see you never ever in my whole life not", erwidert die Bayerin.

106

„Du bist doch das Mädchen aus München, mit dem ich in jungen Jahren während deines Urlaubs hier jede Menge Spaß hatte. Ich heiße Jorgos, erinnerst du dich?"

„Das gibt es doch nicht." Resi mustert das Gesicht ihres Gegenübers. Lediglich seine feurig schwarzen Augen haben für sie noch Ähnlichkeit mit dem jungen Adonis von einst.

„Ich muss leider weiterarbeiten. Wollen wir nach meinem Feierabend an den Strand gehen? Dorthin, wo wir uns früher so oft getroffen haben? Wie ist eigentlich noch mal dein Name?"

„Gerne. Ich heiße Resi", antwortet die Münchnerin mit gemischten Gefühlen. Sie fühlt sich gekränkt, weil Jorgos sich nicht an ihren Namen erinnern kann. Sie wundert sich aber auch ein bisschen über sich selbst, weil sie ihn nicht wiedererkannt hatte.

Während der Grieche das Essen serviert, beobachtet ihn Resi mit Argusaugen. Irgendetwas an ihm stört sie. Sie kann sich nur nicht erklären, was genau es ist. Ist es sein ungepflegter Eindruck, die Fettflecken auf seiner Hose, sein verfaulter Eckzahn, seine ungewaschenen strähnigen Haare, die insgesamt ranzige Atmosphäre im Restaurant, die zähen Calamares oder der Geschmack des Harzweines?

Um 22 Uhr schließt das „Athena Pentanóstimo", und Jorgos bittet Resi um den versprochenen Spaziergang zur romantischen Bucht am Meer. Mit einem unguten Gefühl in der Magengegend macht sie sich mit ihm auf den Weg. Erstmals seit der Trennung von Sepp empfindet Resi in diesem Moment große Sehnsucht nach ihrem Ehemann. „Wir setzen uns da hinten in den Sand", sagt Jorgos. Eine zeitlang schauen die beiden schweigend aufs Meer. Doch Resi hält die Ruhe an der Seite des Griechen nicht lange aus. Auch ist sie neugierig und überschüttet Jorgos schließlich mit all ihren Fragen: „Wie ist es dir in den letzten Jahren ergangen? Bist du verheiratet? Hast du Kinder? Warum musst du noch arbeiten? Bist du nicht längst in Rente?"

Ihre in die Jahre gekommene Urlaubsbekanntschaft antwortet lachend: „Ich und in Rente, wo ich doch nie richtig lange am Stück gearbeitet habe? Arbeit ist was für Kapitalisten, aber nichts für Lebenskünstler wie mich. Ich hatte immer nur Gelegenheitsjobs, viel Glück und Freunde, die mich unterstützt haben. Verheiratet war ich sechsmal. Momentan bin ich aber Single, was ein schöner Zufall ist, jetzt wo ich dich getroffen habe. Kinder habe ich auch, und zwar insgesamt ungefähr 24, von denen ich weiß. Gerade halte ich mich mit Kellnern über Wasser. Und du?"

Resi gibt wahrheitsgetreu Auskunft über ihre Situation. Als sie von ihrer Trennung von Sepp erzählt, füllen sich ihre Augen mit Tränen. Jorgos nutzt die Gelegenheit und will seinen Arm um sie legen, um sie zu küssen. Die Rentnerin springt entrüstet auf. Plötzlich ist ihr vollkommen klar, was sie wirklich in ihrem Leben will, nämlich ein harmonisches Leben mit ihrem Sepp führen, bis dass der Tod sie scheidet.

Mittlerweile hat auch der verlassene Münchner Klarheit für sich gefunden, wie wichtig ihm seine Frau ist. Nach viel Überredungskunst hatte Sepp von Mara in Erfahrung gebracht, wo sich Resi aufhält und keinen Augenblick gezögert, um ihr nachzureisen.

Von Ängsten und Eifersucht geplagt, schließlich hatte ihm seine Frau vor ihrer Hochzeit von ihrer einstigen großen Liebe aus Matala vorgeschwärmt, betritt Sepp griechischen Boden. Im Flugzeug hatte er ein Paar kennengelernt, denen er sein Leid anvertraut hatte. Dieses hatte solches Mitleid mit ihm gehabt, dass sie ihm anboten, ihn in ihrer Privatjacht zu den Höhlen des Hippie-Dorfes mitzunehmen.

Kurz nach 22 Uhr erreicht das Boot Matala-Beach, den der Vollmond in sanftes Licht getaucht hat. Sepp steht an Bug des Schiffes. Sicherheitshalber trägt er Schwimmflügel. Er lehnt sich weit über die Reling und hält Ausschau nach seiner Frau. Plötzlich entdeckt er Resi am Strand. Sie scheint ein Faschingskostüm zu tragen und ist in Begleitung eines zudringlichen Mannes. Auch Resi entdeckt ihn in dem Moment an Bord der Jacht.

Sepp ist außer sich vor Sorge um sein Spatzerl. Todesmutig stürzt er sich ins Meer und strampelt mit hektischen Arm- und Beinbewegungen zu ihr an den Strand. Resi reagiert ebenfalls kopflos und schmeißt sich mit ihrem langen Kleid in die Wogen des Meeres, um ihrem Mann entgegenzuschwimmen.

Wenig später liegen sich Sepp und seine Frau klitschnass, aber selig vor Glück, am Strand, in den Armen. „Dass du das auf dich genommen hast, diese Strapazen mir nachzureisen, das zeigt mir, dass ich dir nicht vollkommen gleichgültig bin." Die Münchnerin strahlt ihren Gatten an. „Du bist mir doch alles andere als egal. Ich habe aber jetzt kapiert, dass du für mich an erster Stelle stehst und dass ich dir das auch zeigen muss. Ich pfeife ab sofort auf die dritte Fußballbundesliga. Was ist mit der zweiten?" Sepp drückt Resi an sich und murmelt: „War ein Scherz. Aber erste geht doch?"

Resi busserlt ihren Schatz innig und meint: „Ich war so dumm. Darfst auch gerne die zehnte schauen. Hauptsache, wir bleiben zusammen."
„Ich war auch so dumm", bringt sich Jorgos ins Gespräch ein, „da hinten auf der Jacht, das ist mein Sohn. Seine Mutter ist sicher ebenfalls an Bord. Sie ist meine Frau und hat mir angedroht, mich umzubringen, weil ich sie mal wieder betrogen habe. Ich bin dann mal weg."

„Ja, wie schön. Er ist weg, auch aus meinem Kopf und gar komplett aus meinem Herzen. Da ist nur noch Platz für dich, Sepp und unsere Familie", säuselt Resi ihrem Gemahl ins Ohr und ruft Jorgos selbstbewusst hinterher: „Mähe du mal in Häfen, aber nie mehr in meinem!"

DIE PACKSTATION
Petra Schirmer

Montag! Früher war er ihr Albtraum gewesen. Ab heute aber besaß der Montag denselben Charme wie der Freitag, denn mit ihm begannen nun ihre fünf Tage längeren Wochenenden.

Von ihrem Arbeitsplatz in der Stadtverwaltung hatte sie sich schon vor zwei Wochen verabschiedet. Anschließend war sie mit ihrer besten Freundin Claudia gen Italien gezogen, um in Rimini ihren Resturlaub und ihren Pensionseintritt zu feiern. Gestern Nachmittag waren sie zurückgekommen. Im Bad wartete nun ein Haufen Schmutzwäsche darauf, dass sie ihn der Waschmaschine zuführte, aber das eilte ja nicht. Ab sofort hatte sie Zeit.
Sie gab ihrer Hollywoodschaukel einen kleinen Schubs und nippte genüsslich an ihrem Kaffee, während sie diesen Gedanken gründlich auf sich wirken ließ. Sie hatte nicht nur Zeit, sondern auch ihre Ruhe. Nie wieder würde sie sich von den Besuchern vor ihrem Schalter als „blöder Sesselfurzer" betiteln lassen oder sich uralte Beamtenwitze anhören müssen: „ Kenn' Se den? Treffen sich zwei Beamte auf dem Flur. Sagt der eine: ‚Ach, kannste auch nicht schlafen?'" Haha, wie unglaublich witzig!
Noch schlimmer aber waren diese Neunmalklugen, die glaubten, die Rechtslage zehnmal besser zu kennen als sie, und die sich dann mit den Worten „Na ja, ich werde das mal mit Ihrem Vorgesetzten diskutieren. Der ist hoffentlich etwas kompetenter." von ihr verabschiedet hatten. Gott sei Dank, das lag hinter ihr. Ab sofort war sie die Alleinherrscherin über ihr Leben und konnte ihre Pläne umsetzen, wann und wie es ihr beliebte.

Mit zufriedenem Lächeln betrachtete sie ihren kleinen Garten. Vor fast genau zehn Jahren hatte sich ihr Ex Christian unter dem Einfluss seiner Midlife-Crisis mit seiner flotten Enddreißigerin davongemacht. Kathrin hatte also eine neue Bleibe gesucht und sich exakt wegen des Gartens für diese Wohnung entschieden. Hier konnte sie endlich ihre Leidenschaft für „komisches Gestrüpp" ausleben, wie Christian es ausgedrückt hatte. Mit Pflanzen hatte er nichts am Hut. Bei ihm wäre sogar ein Kaktus vertrocknet. Das Areal war nicht besonders groß, nur etwa fünfzig Quadratmeter, aber für ihre Beerensträucher, ihr Kräuterbeet und ihre Blumentöpfe reichte es völlig aus.

Ihre Kaffeetasse war nun leer, der Himmel auch, knallblau ohne ein einziges Wölkchen, fast wie in Rimini. Demnach konnte sie später ihre Wäsche sogar auf die Wäschespinne hängen. Und sie musste endlich die Fenster putzen. Die sahen schlimm aus. Wind und Wetter hatten dicke Staubschichten auf ihnen hinterlassen und in den Ritzen und Winkeln nisteten zahlreiche Achtbeinerinnen. Mit der Aktion wartete sie allerdings besser, bis die Sonne hinter dem Haus verschwunden war, sonst mühte sie sich völlig umsonst ab. Jetzt war erst mal die Waschmaschine dran.

Gute eineinhalb Stunden später hängte sie gerade die ersten T-Shirts auf die Leine, als ein großer Kastenwagen vor ihrem Gartentor hielt.

„Oh! Hallo Frau Biermann!", rief der Paketbote überrascht, als er mit seinem Karton auf den Hauseingang zusteuerte. „Sie habe ich ja lange nicht gesehen. Sind Sie im Urlaub?"

„Nein, ich habe mein Berufsleben beendet", sagte Kathrin und lächelte zufrieden.

„Ach, Sie Glückliche." Der Paketmann seufzte neidvoll. „Davon bin ich leider noch weit entfernt. Sagen Sie, würden Sie mir einen riesigen Gefallen tun?"

„Welchen denn?"

„Würden Sie das Paket hier für die alte Frau Hensel annehmen? Die ist doch so schlecht zu Fuß und das dauert immer ewig, bis sie an der Tür ist. Ich muss dringend weiter. Meine Karre platzt heute wieder aus allen Nähten." Ach so, wenn's weiter nichts war! Mit Frau Hensel teilte sie schließlich ihren Gartenzaun.

„Aber sicher", sagte sie gutmütig. „Ich bring's ihr nachher rüber." Der Paketmann strahlte über das ganze Gesicht. „Sie sind ein Goldstück, Frau Biermann! Vielen Dank!" Er reichte ihr das Paket über den Zaun und sie legte es erst mal auf den Gartentisch. Während sie weiter fleißig Textilien auf die Leine klammerte, fiel ihr auf, dass da haufenweise vertrocknete Blüten an den Petunien hingen. Außerdem musste sie den Rasen mähen und die Ränder schneiden. Das Gras wuchs schon durch den Zaun und das sah der pingelige Hausmeister gar nicht gern.

Als die Wäsche endlich fröhlich im Wind flatterte, holte sie daher zuerst ihren Handmäher aus dem kleinen Blechhäuschen, in dem sie ihr Gartenzeug aufbewahrte. Kaum hatte sie die erste Bahn gezogen, hielt ein weißer Transporter mit blauer Aufschrift vor dem Haus. Aus dem Augenwinkel beobachtete sie, wie der Fahrer mit einer großen Plastiktüte in der Hand zum Eingang ging und das Klingelschild studierte. Ach du lieber Himmel, das war dieser griesgrämige Typ, der immer ein Gesicht zog, als hätte sich das gesamte Universum gegen ihn verschworen! Drei Augenblicke später kam er heran und stemmte seine Ellenbogen auf ihren Zaun.

„Tschuldigung, können Sie was annehmen für Sanno Suppenkorn oder so?"

„Was? Für wen?" Der Paketmann verdrehte die Augen und hielt ihr die Tüte unter die Nase.

„Da. Lesen Se selbst."

„Sa-noh Suppa-mong-kon", buchstabierte sie. „Nie gehört. Wer soll das denn sein?"

„Was weiß ich?" Der Paketmann schnaufte ungeduldig. „Bin ich die Auskunft? Was ist? Nehmen Sie's?"

„Aber ich kenne den oder die doch gar nicht."

„Na, ich noch viel weniger. Sie wohnen doch in diesem Haus, oder? Dann wird's höchste Zeit, dass Sie Ihre Nachbarn mal kennenlernen. Nun kommen Sie schon. Ich muss weiter."

Eigentlich wollte sie gern Nein sagen, schon wegen seiner dreisten Art, mit der er versuchte, ihr diese Tüte aufzuschwatzen. Leider litt sie aber unter diesem Sprachfehler, der sie daran hinderte, das kleine und an sich harmlose Wörtchen laut und deutlich auszusprechen. Wortlos nahm sie die Tüte an sich und ärgerte sich im nächsten Moment über sich selbst. Der Paketmensch grinste zufrieden und tippte auf seinem Scanner herum.

„Wie war noch der Name?"

„Biermann", sagte sie grimmig. Daraufhin brummte er sich noch irgendetwas in den Bart, bevor er in den Wagen stieg und den Motor startete. Vielleicht war es ein knappes „Danke". Das wäre nett gewesen.

Gegen Mittag hatte sie ohne weitere Störung den Rasen geschnitten und die Ränder mit dem Kantenschneider bearbeitet. Jetzt sah alles wieder sauber und ordentlich aus, abgesehen von den trockenen Blüten an den Petunien. Die würde sie sich vornehmen, wenn sie das Paket zu Frau Hensel gebracht hatte.

Die alte Dame zeigte sich hocherfreut, weil Kathrin sich um ihre Lieferung gekümmert hatte. Da sie aber keine Gelegenheit für ein gemütliches Schwätzchen ungenutzt vorüberziehen ließ, nötigte sie Kathrin zu Kaffee und

Bienenstich. So verging der Nachmittag mit lockerem Geplauder. Die Petunien behielten ihre trockenen Blüten und die Achtbeinerinnen an den Fenstern nisteten ungestört weiter.

Es war bereits halb sechs, als Kathrin ihre inzwischen knochentrockene Wäsche hereinholen wollte. Da klingelte es. Vor der Tür stand eine hübsche junge Dame mit asiatischen Gesichtszügen. Sie stellte sich als Frau Suppamongkon vor und wedelte freudig lächelnd mit dem Pappkärtchen in ihrer Hand.

„Sie haben mein Päckchen für mich angenommen?", zwitscherte sie. „Ach, was bin ich doch ein Glückspilz. Sonst hätte ich extra zu dieser Paketstation fahren müssen und da findet man nie einen Parkplatz. Das war so liebenswürdig von Ihnen. Vielen, vielen Dank."

Kathrin händigte ihr die Tüte aus und fühlte sich angenehm berührt. Doch, für so nette Nachbarn nahm sie gern Pakete an.

Auch der Dienstag zeigte sich von seiner besten Seite mit echtem Bilderbuchwetter. Also griff Kathrin nach dem Frühstück entschlossen zur Gartenschere, um den Petunien an die Kragen zu gehen. Der erste Blumenkasten war fast geschafft, als der weiße Transporter von gestern vorfuhr. Diesmal saß allerdings nicht dieser schlecht gelaunte Typ am Steuer. Eine Frau stieg aus und schleppte ein mittelgroßes Paket zum Hauseingang. Na, vielleicht hatte sie ja Glück und der Empfänger war zu Hause.

Hatte sie nicht. Eine Minute später erschien sie an Kathrins Zaun.

„Entschuldigen Sie, können Sie vielleicht das Paket hier für … ähm … Massoud Asadi annehmen?"

„Klar, wenn ich auch keine Ahnung habe, wer das ist", sagte Kathrin seufzend. „Aber auf die Art lerne ich mal meine Nachbarn kennen, stimmt's?" Die Postfrau guckte irritiert, denn natürlich verstand sie den Hintersinn in der Bemerkung nicht.

„Vorsicht, schwer", sagte sie, als sie den gar nicht mal so großen Karton über den Zaun hob. Tatsächlich, das Ding wog bestimmt so fünf bis sechs Kilo. Und es staubte aus allen Ritzen. Kathrins Gartenschürze war sofort mit weißen Spuren übersät.

„Sind wahrscheinlich fünf Kilo Koks", bemerkte die Postfrau grinsend. „Lassen Sie sich besser nicht damit erwischen. Und nicht naschen, okay?"

Nein, Kathrin wollte bestimmt nicht naschen. Sie deponierte den staubigen Karton auf dem Gartentisch und wandte sich wieder ihren Petunien zu. Etwa eine halbe Stunde durfte sie ungestört schnippeln. Dann fuhr Paketdienst A wieder vor.

„Heute habe ich nur was Kleines", sagte der Paketbote schmunzelnd, den Scanner schussbereit in der Hand. „Ist für die Melli Struck. Die kennen Sie bestimmt, oder? Die kennt schließlich jeder hier in der Gegend." Tatsächlich, bei dem Namen dämmerte ihr etwas.

„Das ist diese aufgedonnerte Blondine aus dem zweiten Stock, richtig?"

„Genau die. Die macht sowieso nie auf. Hat wahrscheinlich ihre Klingel abgestellt, damit sie in Ruhe schlafen kann. Die arbeitet nämlich nachts, verstehen Sie?" Der Paketmann grinste anzüglich. Ja, sie verstand die Anspielung schon, aber sie wollte sich keine Gedanken darüber machen. Viele Leute arbeiteten nachts. Was ging es sie an, was ihre Nachbarn trieben?

Kurz vor zwölf hatte sie die Petunien endlich erledigt und war eben dabei, ein paar Halme Schnittlauch aus dem Kräuterbeet zu ernten, als ein neuer Paketdienst auftauchte, den sie noch nicht kannte. Der Fahrer wuchtete ächzend einen gewaltigen Karton auf seine Sackkarre und rollte damit zum Hauseingang. Kathrin wartete gespannt.

Es kam, wie es kommen musste. Nachdem die Anstandsminute verstrichen war, schob der Mann seine Fuhre zu ihr an den Zaun.

„Für Lehmann", sagte er knapp und ließ schon seinen Scanner piepen. Ach, er fragte erst gar nicht, ob sie wohl so freundlich wäre und so weiter? „Ihr Name?"

„Biermann", antwortete sie kampflustig. „Mit dem Ding fahren Sie aber nicht über meinen Rasen." Das fehlte noch, dass er ihr mit den dreckigen Rädern ihren Wohnzimmerteppich versaute. Er verdrehte genervt die Augen.

„Sondern?" Blöde Frage!

„Durch den Hausflur natürlich." Jetzt fügte er zu den verdrehten Augen noch einen theatralischen Seufzer hinzu.

„Meine Güte, sind Sie immer so kompliziert?" Wie bitte?! Hatte der sie noch alle?

„Wenn Ihnen das zu kompliziert ist, dürfen Sie das Ding auch gern wieder mitnehmen", sagte sie spitz. Das wollte er dann doch nicht. Er murmelte etwas, das sich anhörte wie „Immer diese Weiber mit ihren Sonderwünschen!", aber vielleicht täuschte sie sich da auch. Jedenfalls karrte er den Riesenkasten brav in ihren Flur und stellte ihn an der Stelle ab, die sie ihm anwies. Na also, ging doch. Damit war das Pakettheater für heute hoffentlich beendet.

Bis zum Abend tat sich in dieser Hinsicht tatsächlich nichts mehr. Erst, als sie sich pünktlich zur Tagesschau mit ihrem Abendessen auf dem Sofa niederlassen wollte, klingelte es. Vor der Tür stand Frau Struck in Begleitung eines grauhaarigen Mannes, der mindestens zwanzig Jahre älter war als sie, aber vermutlich nicht ihr Vater. Ihr Outfit ließ ebenfalls vermuten, dass sie wohl eher nicht als Nachtschwester im Krankenhaus arbeitete. Das feuerrote Top mit Spaghettiträgern hatte alle Mühe, ihre zugegebenermaßen beachtliche Oberweite im Zaum zu halten. Dazu kamen knallenge schwarze Lederleggins und ebenfalls feuerrote High Heels, die ihre Fersen in eine Höhe schraubten, in der sich normalerweise nur Balletttänzerinnen aufhielten.

„Sie haben mein Päckchen?", flötete sie aus ihrem blutrot geschminkten Mund und klimperte mit ihren unverschämt langen, aber vermutlich falschen Wimpern.

„Ja", sagte Kathrin und übergab ihr den kleinen, länglichen Karton. Frau Struck nahm ihn entgegen und drehte ihn mit liebevollem Blick in ihren Händen. Der Mann hinter ihr wickelte seine Arme um ihre Taille und sah ihr erwartungsvoll über die Schulter.

„Ist er das?" Frau Struck lächelte selig.

„Ja, das ist er. Den können wir jetzt gleich mal ausprobieren, ja? Was meinst du?"

„Klar. Worauf warten wir denn noch?", antwortete der Mann mit breitem Grinsen. Anscheinend konnte er seine Freude kaum bezähmen. Und zack, drehten sich die beiden um und schlenkerten Arm in Arm den Flur hinunter.

„Danke übrigens!", rief Frau Struck über ihre Schulter hinweg.

„Keine Ursache, einen schönen Abend noch!", rief Kathrin zurück, aber das war wohl überflüssig. Wie es aussah, würden die zwei einen haben.

Der Mittwoch wollte hinter dem Dienstag nicht zurückstehen. Auch er begrüßte sie mit blauem Himmel und strahlendem Sonnenschein, der nur hin und wieder von kleinen, knubbeligen Wölkchen unterbrochen wurde. Das schrie nach Gartenarbeit. Vor allem musste sie dringend ihre Johannisbeeren vor dem gefiederten Luftgeschwader retten. Also schnappte sie sich nach dem Frühstück eine Schüssel und machte sich an die Ernte.

Plötzlich wurde die friedliche Stille im Viertel von ohrenbetäubendem Bassgewummer unterbrochen. Bumm, bumm, bumm! Hui, da hatte aber jemand sein Autoradio mächtig aufgedreht. Kathrin spähte neugierig in die entsprechende Richtung. Ein blauer Transporter rollte die Straße herauf und stoppte vor ihrem Hauseingang.

„Yes! I know but I cannot find the number", schallte es aus den offenen Autofenstern. Was? Eine Stimme antwortete, aber sie klang gequetscht, wie die Lautsprecheransagen auf Bahnhöfen, die man auch nie verstand. „Yes. Rajiv gave me the information but I don't know if I am right. Can you please check?" Und nach einer weiteren unverständlichen Durchsage: „Okay."

Kathrin stützte amüsiert die Arme auf den Zaun. So so, da konnte also jemand die Nummer – welche auch immer – nicht finden und obwohl er von Rajiv – wer auch immer das war – eine Info bekommen hatte, wusste er nicht, ob er hier richtig war. Jetzt wurde es lustig. Ein junger Mann im blauen Overall stieg aus und kletterte in den Laderaum. Es rumpelte und rappelte da drinnen, als würde er sämtliche Pakete umsortieren. Dann kroch er mit seiner Beute wieder heraus: ein Monsterkarton wie der für Lehmann und ein mittelgroßes Paket wie das für Asadi.

In dem Moment wurde ihr bewusst, dass es ein Fehler gewesen war, sich so deutlich sichtbar am Gartenzaun aufzubauen. Sie hätte lieber schleunigst nach drinnen verschwinden und die Tür hinter sich verbarrikadieren sollen, aber nun war es zu spät. Der junge Mann sah sich hektisch um, entdeckte sie und stürmte sofort auf sie zu.

„Hallo, Frau", sagte er. „Könne nehme Packett für … ähm

…" Dabei studierte er mit gerunzelter Stirn das Adressetikett auf dem mittelgroßen Karton. „Ähm … Name ist … ähm … Baume … garrte … nerr."

„Baumgärtner." Kathrin nickte. Frau Baumgärtner kannte sie aus dem Supermarkt an der Ecke. „Klar. Geben Sie her." Der junge Mann strahlte aus allen Knopflöchern, als er ihr das Paket über den Zaun reichte.

„Und dasse hier auch? Für … ähm …" Jetzt hielt er den großen Karton hoch und tippte mit dem Zeigefinger auf das Etikett, damit sie es selbst lesen konnte. Matthias Falk. Der Name sagte ihr nichts, aber auf ein Paket mehr oder weniger kam es nun auch nicht mehr an.

„Ist das schwer?" Der junge Mann grinste breit.

„Na, nix schwer. Ganze leicht. Siehst du?" Dabei wirbelte er den Karton locker und lässig durch die Luft, stellte ihn schließlich hinter ihrem Gartenzaun ab und zückte seinen Scanner.

„Die Name?"

„Biermann."

„Ähm … can you spell please?" Sie musste es zweimal buchstabieren und dann noch mal auf seinem Scanner gegenchecken, ob er es auch wirklich richtig geschrieben hatte. Heiliges Kanonenrohr! Fanden diese Paketdienste kein Personal mehr, das halbwegs Deutsch sprach?

„Danke. You nice Lady", sagte er zum Abschied und winkte fröhlich, als er zu seinem Auto zurücklief.

Im Laufe des Vormittags gesellten sich zu Asadi, Lehmann, Baumgärtner und Falk noch eine Büchersendung für Mimosa Galimuna – was zur Hölle war das für ein Name? – und eine lange, quadratische Papprohre für einen ihr ebenfalls unbekannten Pawel Kraskowiak. Langsam wurde es eng im Flur.

Gegen fünf klingelte Frau Baumgärtner, um ihr Päckchen zu holen. Eine halbe Stunde später stand Herr Baumgärtner vor der Tür, die Hände drohend in die Hüften gestemmt.

„Hör'n Sie mal", motzte er los. „Nehmen Sie bloß keine Pakete mehr an für meine Frau. Die bestellt ständig irgendwelchen Mist im Internet. Ist ja alles so schön bunt da und so schön einfach! Da kann man ja gar nicht widersteh'n! Was glaubt die eigentlich? Dass ich Dukaten scheiße?"

Da Kathrin nicht sagen konnte, was genau Frau Baumgärtner wohl glaubte, nickte sie nur pflichtschuldig und Herr Baumgärtner trollte sich wieder. Himmel, jetzt wurde sie auch noch in die Ehestreitigkeiten ihrer Nachbarn hineingezogen!

Immerhin wurde Lehmann gegen sechs Uhr abgeholt. Sein Besitzer entpuppte sich als fast zwei Meter großer Muskelmann.

„Hab mir ein paar neue Hanteln bestellt", erklärte er, während er den Monsterkarton lässig auf seine Schulter hob.

Nun war wieder etwas mehr Platz im Flur, aber nur etwas. Es blieben immer noch Asadi, Falk, Galimuna und Kraskowiak. Somit hatte sich der Lagerbestand im Vergleich zu gestern verdoppelt.

Am Donnerstag zeigte sich der Himmel bedeckt. Deshalb startete Kathrin den Versuch, nun endlich die Fenster zu putzen und die Achtbeinerinnen zu vertreiben, aber kaum hatte sie die erste Scheibe eingeseift, wurde sie unterbrochen. Frau Baumgärtner klingelte.

„Ich habe Sie jetzt als Wunschnachbarin angegeben", sagte sie mit verschwörerischer Miene. „Falls ein Päckchen für mich kommt, würden Sie es dann bitte annehmen, damit mein Mann das nicht mitkriegt? Der macht immer so einen riesigen Aufstand wegen jeder Kleinigkeit." Kathrin seufzte in sich hinein, aber sie nickte natürlich und wandte sich wieder ihren Fenstern zu.

Eine Viertelstunde später brachte Paketdienst A eine Plastiktüte für Melanie Struck. Eine weitere Viertelstunde später stand ein Mann vor ihrer Tür, der sich als Matthias Falk vorstellte. Als er sein Paket sah, zogen dicke Gewitterwolken auf seiner Stirn auf und Kathrin trat vorsichtshalber zwei Schritte zurück.

„Ist das zu fassen?!", schimpfte er. „Dieser Verpackungswahnsinn in Deutschland ist doch einfach irre. Wissen Sie, was da drin ist? Ein neuer Brausekopf für meine Dusche. Und dafür nehmen die soo einen riesigen Karton! Haben Sie mal ne Schere?" Natürlich hatte sie. Herr Falk schlitzte dem Karton gnadenlos den Bauch auf. Heraus quoll eine scheinbar endlos lange Luftpolsterschlange. Unten links in der Ecke kam eine handelsübliche Handbrause zum Vorschein.

„Unglaublich, oder?", wütete er. „So eine Verschwendung! Kann ich das Zeug gleich bei Ihnen lassen? Sie sind doch viel näher dran an den Mülltonnen. Ich muss das doch nicht erst nach oben schleppen, um es dann wieder runterzutragen, oder?" Jetzt reichte es aber! Hatte der Typ noch alle Tassen im Schrank?

„Nein, müssen Sie nicht", sagte sie kalt. „Wie wär's, wenn Sie das Zeug gleich selbst zur Tonne bringen, bevor Sie sich an den Aufstieg machen? Ich leihe Ihnen auch gern meine Schere." Herr Falk glotzte sie an, als hätte sie ihm vorgeschlagen, den Karton an Ort und Stelle aufzuessen. Dann erkannte er wohl aus ihrem Blick, dass sich ihr Geduldsfaden dem Ende näherte, und zog brummend davon.

Zwanzig Minuten später traf noch ein großer und ziemlich schwerer Karton für einen Sven Lüders ein. Es raschelte seltsam in der Verpackung. Ein Blick auf das Etikett verriet ihr, dass es von einem Online-Handel für Tierbedarf kam. Moment, Lüders? War das vielleicht der Mann mit der Boxerhündin auf der Westseite im ersten Stock?

Den Abschluss des Vormittags bildete eine Klamottentüte für Rainer Böll, ebenfalls auf der Westseite wohnhaft und ein echter Stinkstiefel, einer von der Sorte, die mit Leidenschaft Beschwerden über irgendwas bei irgendwem einreichten. Kathrin war schon mehrfach mit ihm zusammengestoßen und eigentlich wollte sie mit dem Kerl nichts zu tun haben.

„Ach bitte, Frau Biermann." Die Paketfrau setzte einen mitleiderregenden Hundeblick auf. „Sie wissen doch, wie ich immer unter Zeitdruck stehe." Das ist doch nicht mein Problem, wollte Kathrin sagen. Augen auf bei der Berufswahl. Aber natürlich sagte sie es nicht.

Kurz nach zwei Uhr lernte sie Frau Galimuna kennen. Sie komme aus Albanien, erklärte sie radebrechend: „Sind Bucher für lerne deutsch Spracke."

Somit ergab die abendliche Zählung fünf Pakete, eine Erhöhung des Lagerbestands um zwanzig Prozent. Gingen die Leute eigentlich überhaupt nicht mehr selbst einkaufen?

Freitag! Früher war er ihr Lieblingstag gewesen, weil er das Wochenende eingeläutet hatte. Heute spürte sie schon beim Aufstehen kräftige Ermüdungserscheinungen. Eigentlich war sie doch in Rente, oder? Warum stapelte sie dann Pakete wie ein Lagerarbeiter im Baumarkt und ließ sich von diesem Lieferwahnsinn den Tag versauen?

Es ging munter weiter. Um zehn traf ein Päckchen für Frau Baumgärtner ein, na klar. Kathrin seufzte genervt, aber sie hatte es ja nun mal zugesagt.

Eine gute Stunde später erschien Melli Struck auf der Bild-
fläche, diesmal ohne ihren väterlichen Freund. Kathrin
drückte ihr geistesabwesend die obere der beiden Klamot-
tentüten in die Hand, denn sie war gleichzeitig damit beschäftigt, ein Paket für Engracia Cabrera anzunehmen. Wer
war das denn nun wieder?
Hinter dem Paketboten tauchte eine Frau im grauen Hos-
enanzug auf. Sie hielt eine Papiertüte mit dem Logo der
örtlichen Apotheke in der Hand.

„Sagen Sie, ist die Frau Hensel nicht zu Hause?", fragte sie.
„Moment", sagte Kathrin, während sie versuchte, das neue
Paket so in den Stapel zu integrieren, dass nichts umkippte.
„Bitte ziehen Sie eine Nummer und nehmen Sie in der
Wartezone Platz." Die Frau von der Apotheke lachte
vergnügt.
„Sind Sie hier die Packstation im Haus?" Kathrin nickte
seufzend.
„Es sieht so aus."
Im nächsten Moment gesellte sich ein junger Mann zu ih-
nen, der eine Styroporkiste in den Händen trug.
„Isse Esse für Frau Hensel", sagte er vorwurfsvoll.
„Warum Frau mache nicht auf? Bestelle Esse und dann
nicht mache auf."
„Hoffentlich ist ihr nichts passiert." Die Apothekenfrau
zog besorgt die Augenbrauen hoch.
„Nein, sicher nicht", entgegnete Kathrin. „Wahrscheinlich
hat sie wieder beim Staubwischen aus Versehen ihre
Klingel abgestellt." Das wäre nicht das erste Mal gewesen.
Kathrins Lösung für solche Fälle bestand darin, über Frau
Hensels niedrigen Gartenzaun zu steigen und kräftig an das
Terrassenfenster zu hämmern.

Wenige Minuten später waren Essen und Pillen abgeliefert und Kathrin kehrte erleichtert zu ihrer Wohnung zurück. Vor ihrer Tür stand Herr Böll, heute mit besonders grimmigem Gesichtsausdruck.

„Na endlich", knurrte er. „Ich klingle mir hier schon die Finger wund." Kathrin schluckte den Kommentar, der ihr auf der Zunge lag, mit Gewalt hinunter, schloss auf und händigte ihm seine Tüte aus. Dann knallte sie die Tür von innen zu und lehnte sich schnaufend dagegen. Verdammt noch mal! Sie musste diesem Irrsinn ein Ende setzen. Sie musste endlich lernen, Nein zu sagen.

Ein Blick auf die Uhr verriet ihr, dass es inzwischen kurz vor zwölf war und damit Zeit, das Mittagessen in Angriff zu nehmen. Gerade hatte sie die erste Kartoffel von ihrer Pelle befreit, da klingelte es. Draußen stand Herr Böll mit zornrotem Gesicht, fast so rot wie das hauchzarte Negligé mit dem schwarzen Kunstpelzbesatz, das er in der Hand hielt.

„Wollen Sie mich verarschen?!", brüllte er los. Upps! Da hatte sie wohl etwas verwechselt. Sie unterdrückte ein Grinsen, aber bevor sie ihm mitteilen konnte, dass sie selbstverständlich nichts derart Übles im Schilde führte, stöckelte Melli zu ihnen heran und schwenkte eine lange, weiße Unterhose wie eine Fahne durch die Luft.

„Also ich hatte ja Leggins bestellt, aber sicher nicht diese", plärrte sie. „Wollen Sie mich verarschen?" Ihr Blick fiel auf Herrn Böll und den feuerroten Hauch von Nichts in seiner Hand. Im Bruchteil einer Sekunde schnappte sie zu wie ein Krokodil nach der Beute.

„Was fällt Ihnen ein, meine Sachen auszupacken?! Man guckt ja wohl zuerst auf die Adresse, bevor man was aufmacht!" Herrn Bölls Zornesfalten vertieften sich dramatisch.

„Ach ja?! Sie haben ja wohl auch nicht hingeguckt, oder? Aber wahrscheinlich haben Sie Ihren Kopf sowieso nur, damit Sie das viele Stroh nicht in der Hand tragen müssen. Die Hälfte guckt ja schon raus." Dabei deutete er auf ihre wallende, blonde Mähne und grinste hämisch.

„Neidisch, alter Mann?" Melli schwang aufreizend ihre Haarpracht und blickte bedeutungsvoll auf Herrn Bölls Kahlkopf, bei dem nur der kleine Haarkranz im Nacken daran erinnerte, dass er mal mehr Haare besessen hatte. „Bei dir wächst ja wohl schon lange nichts mehr, weder oben noch unten." Gott, jetzt wurde es langsam unappetitlich.

„Entschuldigen Sie!", fuhr Kathrin energisch dazwischen, bevor Herr Böll zum Gegenangriff übergehen konnte. „Nachdem Sie sich ja nun getroffen haben, streiten Sie doch bitte allein weiter. Ich habe zu tun." Und damit warf sie die Tür zum zweiten Mal an diesem Tag mit Wucht ins Schloss.

Nachmittags kam Claudia auf ein Schwätzchen bei Kaffee und Kuchen vorbei.

„Was ist denn bei dir los?", fragte sie verblüfft angesichts des Paketstapels im Flur. „Willst du ausziehen?"

„Ich glaube, das wäre das Vernünftigste, oder?" Claudia nickte nachdenklich.

„Oder du lernst endlich, Nein zu sagen. Ist billiger und nicht so anstrengend." Es klingelte. Kathrin seufzte.

„Geh schon mal rein und mach's dir gemütlich. Ich bin gleich da." Sie öffnete die Tür in böser Erwartung. Wer wollte sie jetzt wieder anmotzen?

Wow! Was war denn das für ein Traumtyp? Etwa um die sechzig, groß und schlank, wunderbar funkelnde braune Augen und dickes, graues Haar, sorgfältig nach hinten gestriegelt. Das Einzige, was in seinem ansonsten ebenmäßigen Gesicht störte, war die zu lang und zu dick geratene Nase, aber irgendwas war ja schließlich immer. Er hielt eine Keramikschüssel in der Hand, die mit einer Stoffserviette abgedeckt war. Eine Stoffserviette! Wer benutzte denn so was noch heutzutage?

„Guten Tag, liebe Frau Biermann", sagte er mit einer warmen, volltönenden Stimme, die ihr auf der Stelle einen wohligen Schauer über den Rücken jagte. Huch! „Endlich lerne ich Sie mal kennen."

„Wieso … endlich?", stotterte sie verwirrt.

„Nun, ich habe mich immer gefragt, wer wohl die attraktive Dame ist, die ihren Garten so liebevoll pflegt." Der Mann lächelte auf eine unwiderstehliche Art, die Kathrins Blut auf der Stelle in ihre Knie rutschen ließ. „Ich liebe die Natur, wissen Sie, und es geht doch nichts über selbst gezogenes Obst und Gemüse, oder?"

„Stimmt." Zu mehr reichte es nicht. In ihrem Hirn waren gerade sämtliche Programme abgestürzt. Nur das Betriebssystem funktionierte noch einigermaßen.

„Gestatten Sie, dass ich mich erst mal vorstelle? Mein Name ist Massoud Asadi. Ich habe eine Nachricht auf mein Handy bekommen, dass Sie so liebenswürdig waren, ein Päckchen für mich anzunehmen."

„Ja", sagte sie verdattert und zeigte auf den Karton, der inzwischen auf ihrem Schuhschrank ein akkurates Rechteck aus weißem Pulver markiert hatte. „Es staubt ein bisschen." Herr Asadi lachte vergnügt.

„Ach, das hat Mama wieder nicht ordentlich eingepackt. Meine Mutter schickt mir immer das gute Kichererbsenmehl aus der Heimat, wissen Sie? Es ist einfach das beste, das es gibt."

„Aha." Wahrscheinlich glotzte sie gerade wie eine Kuh, wenn's donnerte, und sah dementsprechend nicht sehr intelligent aus. Herrn Asadi schien das aber nicht zu stören.

Er hielt ihr schmunzelnd die Schüssel entgegen.

„Erlauben Sie mir, Ihnen ein kleines Dankeschön zu überreichen für Ihre Mühe", sagte er mit einer kleinen Verbeugung. „Ghotab, habe ich selbst gebacken mit Mamas gutem Mehl. Ich hoffe, Sie mögen sie." Selbst gebacken? Ein Mann, der freiwillig eine Küche betrat und noch dazu aus dem orientalischen Kulturkreis?

„Danke, aber das wäre doch nicht nötig gewesen", murmelte sie automatisch und ergriff die Schüssel, während in ihrer Magengegend ein Schwarm Schmetterlinge im Walzertakt hin und her flatterte. Herr Asadi nahm dafür seinen staubigen Karton an sich.

„Es tut mir leid, Frau Biermann", sagte er mit diesem umwerfenden Lächeln. „Ich würde gern noch länger mit Ihnen plaudern, aber ich muss ein paar Besorgungen machen. Vielleicht erzählen Sie mir demnächst bei einer guten Tasse Tee, wie sie Ihnen geschmeckt haben, ja?"

„Sicher, sehr gern." Was sollte sie sonst dazu sagen? Außerdem herrschte in ihrem Kopf immer noch Ausnahmezustand.

„Wie wäre es mit Sonntag, fünfzehn Uhr, in dem Café oben am Markt?" Wie bitte? Moment mal! Der Mann schlug ihr gerade ein Date vor? Verstand sie das richtig oder spielten ihr ihre durchgeknallten Synapsen einen Streich?

Sein Blick klebte an ihr wie die Klette am Hundefell. Voller Spannung wartete er auf ihre Antwort. Los, jetzt sag was, flüsterte ihre innere Stimme, bevor er dich für komplett dämlich hält.

„Ja, gern." Hatte sie das gerade wirklich gesagt?

„Wunderbar!" Herr Asadi freute sich wie ein Schneekönig. „Dann sehen wir uns also am Sonntag. Haben Sie vielen Dank noch mal. Bis dann!" Er verbeugte sich wieder und ging winkend den Flur hinunter. Heiliger Strohsack, das konnte nicht wahr sein, oder? Sie hatte ein Date mit ihrem Nachbarn? In ihrem Alter?

„Meine Güte, was ist denn mit dir passiert?" Claudia zog besorgt die Augenbrauen hoch, als sie ins Wohnzimmer trat. „Du guckst, als hättest du grade den Messias gesehen."

„Ich habe schon wieder Ja gesagt."

„Was?" Kathrin steuerte mit wackligen Knien die Vitrine an, in der sie den Besucheralkohol aufbewahrte.

„Jetzt brauche ich einen Cognac. Und nein, ich werde ganz sicher nicht ausziehen."

DER GUTE-LAUNE-PLAN FÜR EINEN GELUNGENEN RENTENEINTRITT

Rainer Stuck

Endlich ist er da - der Ruhestand! Vermutlich haben Sie sich schon seit längerer Zeit darauf gefreut, weil Sie nun endlich all die Dinge tun können, für die Sie nie Zeit gefunden haben. Sie haben einen neuen Lebensabschnitt erreicht, der voller Inspiration, Glück und Zufriedenheit sein kann. Sie müssen es nur zulassen. Für viele Menschen ist der Ruhestand schon lang ersehnt, von manchen vielleicht auch ein wenig gefürchtet. Doch für alle ist er zu Beginn vor allem eines: Neuland.

Damit der wohlverdiente Ruhestand auch wirklich genossen werden kann, braucht es ein wenig Mut, eine Portion Energie und etwas wirklich Hilfreiches: gute Laune. Jeder Tag, jeder Moment ist wertvoll, – ganz besonders in dieser Lebensphase. Sie können genau dann aus dem Bett steigen, wenn Sie möchten. Sie müssen sich keinem Vorgesetzten mehr unterordnen und können Ihre Urlaube und Ausflüge planen, wie Sie es sich in Ihren Träumen ausmalen. Urlaub … Nennt man das jetzt noch so? Vermutlich schon. Schließlich wollen Sie ja, dass die anderen – wir nennen sie mal „weniger Privilegierten" – noch wissen, wovon die Rede ist. Aber wie gewinnen Sie in dieser Lebensphase regelmäßig Energie für die Dinge, die Sie sich vornehmen? Und wie schaffen Sie es bei all den Möglichkeiten, die sich plötzlich bieten, und all den neuen Abenteuern, die auf Sie warten, trotzdem gelassen und entspannt zu bleiben? Versuchen Sie es mit dem Gute-Laune-Plan:

Bewegung in der Natur – Die Zauberformel für Gelassenheit

Genießen Sie die Natur, indem Sie einen gemütlichen Spaziergang machen – am besten täglich. Ein Spaziergang tut nicht nur dem Körper gut, sondern auch der Seele. Wie oft hatten Sie in Ihrem Berufsleben Zeit für solche Dinge? Viele Menschen sind jeden Tag gestresst, weil sie Arbeit, Familie und Freizeit irgendwie unter einen Hut bekommen müssen. Die Natur mit allen Sinnen zu erleben kann dagegen unglaublich inspirierend sein. Dabei kann jede Jahreszeit auf ihre eigene Art und Weise erlebt werden. Ob Frühjahr, Sommer, Herbst oder Winter: Die Natur hat so manche Überraschung für uns zu bieten. Sie schenkt uns traumhafte Winterlandschaften, herrliche Frühlingsdüfte oder tiefrote Laubwälder. Jetzt haben Sie endlich die Zeit, die Sie sich vielleicht schon immer gewünscht haben, um frühmorgens den glitzernden Tau auf den Blättern zu beobachten oder einfach einen angenehmen Nachmittag im Wald zu verbringen.

Spaziergänge steigern nicht nur Ihr Wohlbefinden, sondern verringern erwiesenermaßen das Risiko, an bestimmten Herz-Kreislauf-Erkrankungen, Krebs, Diabetes oder sogar Alzheimer zu erkranken. Wandern ist gesund und macht fit. Es hilft, ein wenig abzunehmen oder das Gewicht zu halten, und wirkt Rückenschmerzen entgegen. Bewegung tut nicht nur im höheren Alter gut, sondern hat in jeder Altersklasse positive Auswirkungen auf Körper, Geist und Seele. Achten Sie zusätzlich zur Bewegung auf eine ausgewogene Ernährung. So erhalten Sie sich eine gute Figur. Um sich selbst etwas Gutes zu tun, können Sie sich auch im Ruhestand immer wieder mit neuen, schönen Kleidungsstücken verwöhnen. Ein po-sitives

Körpergefühl ist in jedem Alter wichtig. Schließlich treffen Sie im Ruhestand immer noch andere Menschen und verkriechen sich (hoffentlich) nicht in Ihren eigenen vier Wänden. Nehmen Sie sich die älteren italienischen Damen und Herren als Vorbild, die selbst im hohen Alter elegant gekleidet aus dem Haus gehen und die Liebe zum Leben nicht verloren haben.

Genießen Sie das Miteinander im Freundes- und Familienkreis

Wer plötzlich nicht mehr im Berufsleben steht, fühlt sich zunächst ein wenig orientierungslos. Jahrelang wurden Sie an einer bestimmten Stelle gebraucht. Und jetzt? Sie werden schnell feststellen, wo Sie plötzlich wichtig sind. Unterstützen Sie Ihre Freunde und Familie und erfahren Sie im Gegenzug deren Unterstützung. Endlich haben Sie Zeit, um mit Freunden zu verreisen oder gemeinsam mit Ihren Kindern oder Enkelkindern den Alltag zu erleben. Ihre Kinder sind sicherlich dankbar für ein wenig Unterstützung und freuen sich, wenn Oma und Opa mal ein Auge auf die Kleinen haben, damit sie selbst eine kleine Auszeit genießen dürfen. Und auch Sie können noch neue Dinge von der Familie lernen! Sicherlich wissen Sie bereits, was WhatsApp ist und dass es Netflix nicht im nahe gelegenen Supermarkt zu kaufen gibt (wenn nicht, haben Sie ein bisschen was zu lernen!). Doch vielleicht bringt Sie Ihr Enkelkind auf ein neues Hobby? Möglicherweise haben Sie Spaß daran, gemeinsam zu basteln oder zu malen? Sollten dabei richtige Kunstwerke entstehen, könnten Sie sich sogar etwas dazuverdienen.

Wenn Sie keine Kinder oder Enkelkinder haben, haben Sie

bestimmt Freunde im gleichen Alter. Es kann Spaß machen, den Ruhestand gemeinsam zu erleben! Denn nun können Sie auch unter der Woche, wenn es wundervoll günstig ist, Ausflüge unternehmen. Zudem sind dann viele Ausflugsziele nicht so überfüllt wie am Wochenende.

Tun Sie etwas, das Sie glücklich macht – und zwar täglich

Sie selbst wissen am besten, was Sie glücklich macht. Achten Sie darauf, dass Sie jeden Tag mindestens eine Sache tun, die Ihnen gut tut und Sie mit Zufriedenheit erfüllt. Dinge, die wir nur für uns tun, sind wertvoll. Es ist die Zeit, die wir in vollem Bewusstsein mit uns selbst genießen können. Es spielt keine Rolle, ob es sich dabei um ein bestimmtes Hobby handelt oder eine Kleinigkeit, die Sie zum Lachen bringt. Beschenken Sie sich selbst mit Blumen oder genießen Sie auf Ihrer Terrasse den besten hausgemachten Kaffee des Landes. Eine Tasse Kaffee, die mit Zimt, Vanille oder Karamell verfeinert einen herrlichen Duft verbreitet. Vielleicht backen Sie noch ein paar Kekse dazu oder laden die Nachbarn zum Frühstück ein? Wenn diese ebenfalls im Ruhestand sind, wäre das eine gute Gelegenheit, um gemeinsam neue Erinnerungen zu schaffen und Zeit miteinander zu verbringen. Ein Umstand, der früher nicht so spontan zu organisieren war.

Oder tun Sie etwas Verrücktes, wenn Ihnen gerade danach ist! Wie wäre es mit einem Eis zum Frühstück? Oder ein abendliches Picknick auf der Wiese hinterm Haus? Denken Sie daran: Dass Sie jetzt im Ruhestand sind, bedeutet nicht, dass Sie das Wort auch wörtlich verstehen müssen. Welcher Rentner hat denn schon wirklich Ruhe im

Ruhestand? Ich bitte Sie …

Lernen Sie Neues und bringen Sie frischen Wind in Ihr Leben

Wie wäre es mit Instagram oder YouTube? Sie wissen, wie die Buchhaltung eines Großkonzerns zu handhaben ist, aber nicht, was ein Influencer ist? Dann sollten Sie keine Zeit verlieren, schließlich sind Sie nicht mehr in der Grundschule! Nutzen Sie Ihre Chance, vielleicht werden Sie ja zum neuen Internet-Star? Doch nicht nur YouTube, Insta (ja, so wird es wirklich abgekürzt) und Co. könnten Ihre neue Leidenschaft werden. Vielleicht gibt es etwas, das Sie schon immer ausprobieren wollten und wozu Sie nun endlich die Chance haben? Wie wäre es mit einer bestimmten Sportart? (Denken Sie trotzdem ein bisschen an Ihr Alter. Sie müssen ja nicht gleich mit Extremsportarten beginnen. Schließlich wollen die Enkelkinder noch viel von Ihnen haben.) Was halten Sie zum Beispiel von Nordic Walking, Radfahren (bitte nicht auf der Hauptstraße damit beginnen) oder Tanzen? Wollten Sie schon immer mal einen Salsa-Kurs besuchen? Jetzt haben Sie die Gelegenheit dazu. Trauen Sie sich und probieren Sie Neues aus.

Das reicht Ihnen nicht aus? Sie könnten eine neue Sprache erlernen oder sich an einer Universität einschreiben. Vielleicht brauchen Sie das Studium nicht mehr, um einen Job zu finden, aber weiterbilden sollten Sie sich - eigentlich ein Leben lang tun. Eine neue Sprache könnte Ihnen in Ihrem nächsten Urlaub helfen, und wenn Sie gerade keinen Partner haben, finden Sie auf diese Weise vielleicht jemanden? Aber wirklich: Probieren Sie neue Dinge aus und lassen Sie sich auf neue Menschen ein, die Ihr Leben auch im

Ruhestand bereichern können. Vielleicht lernen Sie dabei andere Rentnerinnen und Rentner kennen, mit denen Sie immer wieder etwas unternehmen können. Denken Sie dabei an Reisen, die oft von Vereinen organisiert werden. Wenn Sie alleinstehend sind, sind diese Gruppenreisen vielleicht besonders interessant für Sie.

Lernen Sie das Geheimnis der entspannten Rente kennen

Meditation, Yoga, Autogenes Training, Achtsamkeitstraining oder Muskelentspannung bringen Sie wieder in Ihre Mitte. Natürlich sollte der Ruhestand nicht mehr so hektisch sein wie das Arbeitsleben. Viele Rentnerinnen und Rentner berichten davon, dass es in ihrem Ruhestand oft stressiger zugeht als zuvor. Die lieben Enkelkinder wollen abgeholt werden, dann noch Essen für die armen, gestressten Kinder (die ja noch arbeiten müssen) kochen, den Einkauf erledigen und vielleicht sogar die Wäsche für den zum zweiten Mal geschiedenen Sohn waschen.
Kümmern Sie sich um sich selbst und finden Sie zu innerer Ruhe und Frieden, indem Sie Meditation, Yoga oder andere Entspannungstechniken erlernen. Trauen Sie sich und besuchen Sie einen entsprechenden Kurs, bei dem Sie eventuell neue Bekanntschaften oder sogar Freund-schaften schließen können. Oder eignen Sie sich die notwendigen Grundlagen mithilfe des Internets oder zahlreicher Bücher an. Das Internet und die Buch-handlungen sind voll von wertvollen (und nicht ganz so wertvollen) Werken zu diesem Thema.

Das unendliche Energiereservoir: Die Pause

Gönnen Sie sich immer wieder Pausen, um sich zu entspannen und neue Energie zu tanken. Vielleicht kommen Sie nun endlich dazu, Ihr Haus oder Ihre Wohnung umzugestalten oder den Garten neu anzulegen. Aufregende und spannende Projekte sind wichtig und können nicht nur für Abwechslung und gute Laune sorgen, sondern versprechen eine anregende Beschäftigungsmöglichkeit. Trotzdem sollten Sie darauf achten, immer wieder ausreichende Pausen einzulegen, damit es Ihnen und Ihrem Körper weiterhin gut geht. Diese Pausen können von einigen Stunden bis hin zu mehreren Tagen dauern. Das hängt ganz von Ihnen und Ihren Bedürfnissen ab. Denken Sie daran, kleine Reisen oder Ausflüge zu unternehmen, um den Alltag hinter sich zu lassen und wieder neue Eindrücke zu sammeln. Sie sind jetzt nicht mehr an einen festen Tagesablauf gebunden und können Ihrer Spontanität freien Lauf lassen. Und wer noch nie spontan war, kann nun herausfinden, ob er oder sie diese Charaktereigenschaft besitzt.

Die Quintessenz der guten Laune

Gute Laune ist eng mit dem Humor verwandt. Und Humor benötigen Sie auch im Ruhestand. Und zwar nicht zu knapp. Genau deshalb hat Ihnen auch ein äußerst liebenswerter Mensch dieses Buch geschenkt. Denn Lachen stärkt die Abwehrkräfte und hält gesund. Am Lachen sind fast 300 verschiedene Muskeln unseres Körpers beteiligt. Ein richtiger Lachanfall kann dementsprechend die Atmung trainieren, das Immun-system stärken und tatsächlich sogar Schmerzen lindern.
Eine kürzlich veröffentlichte Studie hat gezeigt, dass Lachtherapien in Gruppen positive Auswirkungen sowohl auf die körperliche als auch auf die geistige Gesundheit haben. Das Gehirn spielt dabei eine wichtige Rolle. Wenn wir einen Witz hören, durchläuft es komplexe Prozesse, um den Witz zu analysieren und das Lachen auszulösen. Wenn die Emotion und der transportierte Inhalt nicht übereinstimmen, findet das Gehirn den Witz witzig und belohnt sich selbst mit der Freisetzung von Glücks-hormonen.

Wenn wir also öfter lachen, können wir uns auf verschiedene Arten besser fühlen. Ein Witz, ein lustiges Video oder einfach nur das gemeinsame Lachen mit Freunden entspannen unseren Körper und Geist und hinterlassen stets ein angenehmes Gefühl.

Erschaffen Sie Bilder in Ihrem Kopf

Auch Bücher können ein schönes Hobby sein. Für manche von uns sind sie sogar eine regelrechte Passion, denn sie lassen uns in wunderbaren Welten versinken. Wir können unserer Fantasie freien Lauf lassen und die tollsten Geschichten erleben. Wer Bücher liebt, seine Brille jedoch nicht, kann natürlich auch zu einem Hörbuch greifen. Lassen Sie sich inspirieren und geben Sie sich ganz der Geschichte hin. Sie finden rege Gespräche zu Geschichte, Politik oder Wissenschaft spannend? Es muss nicht unbedingt das Fernsehprogramm sein, dem Sie Ihre Aufmerksamkeit schenken. Auch Podcasts können Ihre Neugier stillen. Bücher und Audioformate haben den Vorteil, dass Sie die Dinge so sehen können, wie Sie möchten. Sie entscheiden, wie die Personen und Landschaften aussehen. Malen Sie sich die Szenen mit Ihrer eigenen Fantasie aus und tauchen Sie in Ihre eigene kleine Welt ein.

Auch das Schreiben eigener Texte und Geschichten kann eine schöne neue Tätigkeit sein, bei der Sie Ihrer Kreativität freien Lauf lassen können. Haben Sie schon einmal daran gedacht, Ihre Lebensgeschichte aufzuschreiben? Sicherlich gibt es viel Lustiges zu erzählen, vielleicht aus Ihrem Berufsleben? Schreiben Sie einfach alles nieder, was

Sie bewegt, und sehen Sie selbst, wohin es Sie führt. Vielleicht entdecken Sie Ihre Leidenschaft für das Schreiben und werden im Ruhestand richtig schöpferisch tätig.

Lächeln Sie täglich mit jeder Faser Ihres Körpers

Lächeln Sie an jedem einzelnen Tag! Warum? Das ist ganz einfach: Die Bewegung der Muskelgruppen und der daraus folgende Gemütszustand setzt Glückshormone frei und macht uns damit wirklich glücklich. Sogar ein falsches Lächeln kann glücklich machen. Neuere Studien legen nahe, dass sich das Lachen bzw. Lächeln ursprünglich entwickelt hatte, um anderen mitzuteilen, dass eine Gefahr vorüber ist. Deswegen ist Lächeln vermutlich auch ansteckend. Es ist also seit Jahrtausenden ein positives Signal, das Menschen verbindet. Tragen sie es weiter, und pflegen Sie es! Die Forscher schlugen sogar vor, jeden Morgen 15 Sekunden in den Spiegel zu lächeln. Probieren Sie es aus! Nach einiger Zeit stellen Sie vielleicht mit einem Lächeln fest, dass es Ihnen besser geht.

Das Leben ist zu kurz, um sich zu ärgern

Behalten Sie diesen Satz im Hinterkopf und denken Sie immer wieder daran: Das Leben ist zu kurz, um sich mit Dingen und Menschen zu beschäftigen, die Ärger und Wut in Ihnen auslösen. Fragen Sie sich lieber, was genau Sie an der Situation eigentlich so ärgert und lassen Sie los. Manche Dinge können wir nicht ändern. Wir müssen sie so akzeptieren, wie sie eben sind. Ärger bringt Sie nicht weiter. Schalten Sie ab und beschäftigen Sie sich mit etwas, das Ihnen gefällt. Gehen Sie spazieren, backen Sie Ihren Lieblingskuchen oder gehen Sie mal wieder ins Kino.

Auch im Ruhestand wird es manchmal die eine oder andere Schwierigkeit geben. Das Leben kann voller Konflikte sein. Doch sollten wir diesen stets mit einem Lächeln entgegentreten. Das fällt uns leichter, wenn wir uns jeden Tag daran erinnern, was für ein Geschenk es ist, hier sein zu dürfen. Seien Sie also dankbar für die kleinen Freuden, die Ihnen das Leben schenkt, und lassen Sie negative Gefühle los. Denken Sie außerdem daran, dass Ärger und Wut nur für Falten in Ihrem Gesicht sorgen. Und die wollen Sie bestimmt vermeiden. Schließlich sollen sich die Leute wundern, weshalb Sie immer noch so toll aussehen und Sie nach Ihrem Geheimnis fragen.

Der Abschied vom Berufsleben ist eine Umstellung. Sie muss jedoch nicht negativer Natur sein, denn nun haben Sie eines der schönsten Geschenke erhalten: Zeit. Die Zeit, die Sie nun für genau die Dinge nutzen können, die Ihnen gut tun und die Sie vielleicht schon immer tun wollten. Nehmen Sie den Ruhestand als fantastische Chance wahr und leben Sie Ihr Leben so, wie Sie es schon immer tun wollten. Freuen Sie sich auf eine neue Reise, die voller Abenteuer, neuer Menschen und schöner Augenblicke sein wird, wenn Sie es zulassen. Die wichtigste Voraussetzung können Sie nun leicht kreieren: Die gute Laune.

IMPRESSUM

Der Autor wird vertreten durch:

Horizont Media Verlag
c/o Block Services
Stuttgarter Str. 106
70736 Fellbach

www.horizontmedia-verlag.de
kontakt@horizontmedia-verlag.de

Projektleitung: Marlene Zauritz

Wir danken den weiteren Inhaber:Innen der Urheber-rechte für ihre freundlichen Abdruck-genehmigungen.

Umschlaggestaltung: Denise Gahn
Lektorat: Eva W.
Illustrationen: goderuna (Titelbilder der Geschichten), depositphotos.com (Ergänzende Zeichnungen)
Druck: Amazon Distribution GmbH

RENTE GUT, ALLES GUT

Printed in Poland
by Amazon Fulfillment
Poland Sp. z o.o., Wrocław

23166712R00084